KB220872

근현대 전법 선맥(傳法禪脈)

75조 경허 성우(鏡虛 惺牛) 전법선사

 오도송

홀연히 콧구멍 없는 소 되라는 말끝에	忽聞人語無鼻孔
삼천계가 내 집임을 단박에 깨달았네	頓覺三千是我家
유월의 연암산을 내려가는 길에서	六月鷰岩山下路
일없는 야인이 태평가를 부르노라	野人無事太平歌

76조 만공 월면(滿空 月面) 전법선사

 전법게

구름과 달, 산과 계곡이라, 곳곳에서 같음이여	雲月溪山處處同
선가의 나의 제자 수산의 큰 가풍일세	叟山禪子大家風
은근히 무문인을 그대에게 분부하니	慇懃分付無文印
이 기틀의 방편이 활안 중에 있노라	一段機權活眼中

* 제75조 경허 성우 전법선사 전함 / 제76조 만공 월면 전법선사 받음

77조 전강 영신(田岡 永信) 전법선사

 전법게

불조도 전한 바 없어서	佛祖未曾傳
나 또한 얻은 바 없음을…	我亦無所得
가을빛 저물어 가는 날에	此日秋色暮
뒷산의 원숭이가 울고 있네	猿嘯在後峰

* 제76조 만공 월면 전법선사 전함 / 제77조 전강 영신 전법선사 받음

78대 대원 문재현(大圓 文載賢) 전법선사

 전법게

부처와 조사도 일찍이 전한 것이 아니거늘	佛祖未曾傳
나 또한 어찌 받았다 하며 준다 할 것인가	我亦何受授
이 법이 2천년대에 이르러서	此法二千年
널리 천하 사람을 제도하리라	廣度天下人

 부송(付頌)

어상을 내리지 않고 이러-히 대한다 함이여	不下御床對如是
뒷날 돌아이가 구멍 없는 피리를 불리니	後日石兒吹無孔
이로부터 불법이 천하에 가득하리라	自此佛法滿天下

* 제77조 전강 영신 전법선사 전함 / 제78대 대원 문재현 전법선사 받음

이 오도송과 전법게는 대원 문재현 선사님께서 법리에 맞도록 새롭게 번역한 것입니다.

불조정맥 제 77조 대한불교 조계종 전강 대선사님께서는, 16세에 출가하여 23세 때 첫 깨달음을 얻고 25세에 인가를 받으셨다. 당대의 7대 선지식인 만공, 혜봉, 혜월, 한암, 금봉, 보월, 용성 선사님의 인가를 한 몸에 받으셨으며, 이 중 만공 선사님께 전법게를 받아 그 뒤를 이으셨다. 당대의 선지식들이 모두 극찬할 정도로 그 법이 뛰어나서 '지혜제일 정전강' 이라 불렸다.

33세의 최연소의 나이로 통도사 조실을 하셨고, 법주사, 망월사, 동화사, 범어사, 천축사, 용주사, 정각사 등 유명선원 조실을 역임하시고 인천 용화사 법보선원의 조실로 일생을 마치셨다.

1975년 1월 13일, 용화사 법보선원의 천여 명 대중 앞에서 "어떤 것이 생사대사(生死大事)인고?" 자문한 후에 "악! 구구는 번성(翻成) 팔십일이니라."라고 법문한 뒤, 눈을 감고 좌탈입망하셨다.

다비를 하던 날, 화려한 불빛이 일고 정골에서 구슬 같은 사리가 무수히 나왔다. 열반하시기까지 한결같이 공안 법문으로 최상승법을 드날리셨으니 그 투철한 깨달음과 뛰어난 법, 널리 교화하기를 그치지 않으셨던 점에 있어서 한국 근대 선종의 거목이라 일컬어지고 있다.

불조정맥 제78대 대원 문재현 전법선사님
- 전강대법회에서 법문 중 할을 하시는 모습

오로지 정법만을 깨닫기 서원합니다.

입을 열면 정법만을 설하기 서원합니다.

중생이 다하는 그날까지 교화하기 서원합니다.

— 대원 문재현 전법선사의 3대 서원

불교 8대 선언문

불교는 자신에게서 영생을 발견하게 한 유일한 종교이다.

불교는 자신에게서 모든 지혜를 발견하게 한 유일한 종교이다.

불교는 자신에게서 모든 능력을 발견하게 한 유일한 종교이다.

불교는 자신에게서 모든 것을 이루게 한 유일한 종교이다.

불교는 자신에게서 극락을 발견하게 한 유일한 종교이다.

불교는 깨달으면 차별 없어 평등하다는 유일한 종교이다.

불교는 모든 억압 없이 자신감을 갖게 한 유일한 종교이다.

불교는 그러므로 온 누리에 영원할 만인의 종교이다.

– 대원 문재현 전법선사 주창

전세계의 불교계에서 통일시켜야 할 일

경전의 말씀대로 32상과 80종호를 갖춘 불상으로 통일해야 한다.

예불 드리는 법을 통일해야 한다.

불공의식을 통일해야 한다.

— 대원 문재현 전법선사 주창

2017년 육조사 청도정맥선원 대원 문재현 선사님의 법회

대방광불화엄경

大方廣佛華嚴經

제 28 권

십회향품 ⑥

十廻向品

도서출판 문젠(구, 바로보인)은 정맥선원에서 운영하고 있습니다.

* 인제산(人濟山) 성불사(成佛寺) 국제정맥선원
  경기도 포천시 내촌면 소리개길 86-178 ☎ 031-531-8805 ☎ 010-6431-8805
* 인제산(人濟山) 이룬절 포천정맥선원
  경기도 포천시 내촌면 소리개길 86-123 ☎ 031-531-2433 ☎ 010-3880-8980
* 백양산(白楊山) 자모사(慈母寺) 부산정맥선원
  부산시 동래구 아시아드대로 114번길 10 대륙코리아나 2층 212호
  ☎ 051-503-6460 ☎ 010-2951-8667
* 자모산(慈母山) 육조사(六祖寺) 청도정맥선원
  경북 청도군 매전면 동산리 산 50 ☎ 010-9800-6109
* 광암산(光巖山) 성도사(成道寺) 광주정맥선원
  광주광역시 광산구 삼도광암길 34 ☎ 062-944-4088 ☎ 010-8670-1445
* 대통산(大通山) 대통사(大通寺) 해남정맥선원
  전남 해남군 화산면 송계길 132-98 중정마을 ☎ 061-536-6366 ☎ 010-8938-2438

바로보인 불법 38

화 엄 경 28권

초판 1쇄 펴낸날 단기 4351년, 불기 3045년, 서기 2018년 7월 15일

역   저 대원 문재현 선사
펴 낸 곳 도서출판 문젠(Moonzen Press)
          11192,경기도 포천시 내촌면 소리개길 86-178
          전화 031-534-3373 팩스 031-533-3387
신 고 번 호 2010.11.24. 제2010-000004호

윤 문 교 정 증연 강영미
편집 전자책 제작 도향 하가연
표 지 그 림 현정(玄楨)
인   쇄 가람문화사

도서출판문젠 www.moonzenpress.com
정 맥 선 원 www.zenparadise.com
사막화방지국제연대(IUPD) www.iupd.org

ⓒ 문재현, 2017. Printed in Seoul, Republic of Korea
값 15,000원
ISBN 978-89-6870-028-6 04220
ISBN 978-89-6870-000-2 (전81권)

華嚴十無頌 화엄십무송

- 대원 문재현 선사

無相法性常顯前
상이 없는 법성은 언제나 드러나 있고

無性諸法如谷響
성품이 없는 모든 법은 골짜기에 메아리 같도다

無外作處是自在
밖이 없이 짓는 곳을 이 자재라 하는 것이니

無非華嚴大道場
화엄 대도량 아님이 없음이로다

無窮無盡光神通
궁구할 수 없고 다함 없는 광명의 신통에서

無不出生三千界
삼천대천세계가 나오지 않음이 없도다

無碍相卽大自在
걸림이 없이 서로 즉한 대자재여

無爲之法是日常
함이 없는 법이 일상이로다

無有定法隨狀況
정한 법 없어 상황을 따름이여

無上無爲妙菩提
위 없고 함이 없는 묘보리로다

바로보인 불법 ㉟

화엄경(華嚴經) 28권

대원 문재현 선사 역저

二十五、십회향품 (十廻向品) ⑥

서 문

가없이 크고 넓어 광대함이여!
모양 없는 그 가운데 본래 갖춤
증득한 지혜인이라야 아네

남섬부주 일체의 나툼이여
본래의 갖춤에 비하자면
천만억분의 일도 안 된다네

이러-히 온통 온통함이여!
모두 갖춘 본연한 이 장엄을
'대방광불화엄'이라 하네

단기(檀紀) 4345년
불기(佛紀) 3039년

무등산인 대원 문재현
(無等山人 大圓 文載賢)

∾ 81권 화엄경 권과 품

차 례

일러두기

1. 화엄경 본문을 지나치게 세밀하게 나누어 긴 주해를 싣지 않은 것은 그로 해서 원문의 흐름이 끊어지게 되지 않을까 하는 우려에서이다. 이런 까닭에 다만 수없이 장고(長考)하며 최대한 원문에 충실하게 번역하고 각권의 마지막이나 각품의 마지막에만 결문(結文)을 더하였다. 화엄경 본문이 이치적으로 더할 나위 없이 샅샅이 불화엄의 화장세계를 밝힌 것이라면 결문은 화엄경의 화장세계를 선(禪) 도리로 간략히 바로 끊어 보인 것이다. 이로써 경의 본뜻이 굴절 없이 전달되어 화엄의 세계가 독자의 세계가 되기를 바란다.
2. 요즈음 화엄경을 접한 이들이 최고의 경전이라 불리는 화엄경 첫머리부터 '신(神)'이라는 호칭으로 기록된 분들이 많은 것을 보고 의아하게 생각하는 경우가 있다. 화엄경의 첫머리인 세주묘엄품을 보면 이 '신(神)'이라는 호칭으로 기록된 분들이 불보살님의 화현이거나 보살마하살의 경지에서 행하는 분들임을 알 수 있다. 이런 까닭에 이 책에서는 '신(神)'을 '천제(天帝)'로 번역하였다. 예를 들면, '집금강신'은 '집금강천제'로 의역하였다. 천제는 그 세계를 다스리고 교화하는 분, 곧 깨달아, 삼매와 지혜와 덕과 신통과 방편과 변재를 갖추어서 다스리고 교화하는 분을 말한다.
3. 미주는 *로 표시하였다.

二十五 십회향품 ⑥

佛子 菩薩摩訶薩 若見如來 出興於世 開演正法 以大音聲
普告一切 如來出世 如來出世 令諸衆生 得聞佛名 捨離一
切我慢戲論 復更勸導 令速見佛 令憶念佛 令歸向佛 令攀
緣佛 令觀察佛 令讚歎佛 復爲廣說佛難値遇 千萬億劫 時
乃一出 衆生 由此得見於佛 生淸淨信 踊躍歡喜 尊重供養

6) 제6 견고한 일체 선근을 따르는 회향 ④
(隨順堅固一切善根廻向)

"불자들이여, 보살마하살이 여래께서 세상에 출현하여 정법을 열어 널리 펴심을 보고 이에 두루 미치는 음성으로 일체에 널리 말하기를 '여래께서 세상에 나오셨네. 여래께서 세상에 나오셨네.'라고 하여 모든 중생으로 하여금 부처님의 이름을 듣고 일체의 아만과 희론을 여의어 버리게 합니다.

다시 또 권유하여 이끌어서 부처님을 빨리 뵙게 하고, 부처님을 마음속 깊이 지녀 잊지 않게 하며, 부처님께 귀의하게 하고, 부처님과의 인연을 의지하게 하며, 부처님을 관찰하게 하고, 부처님을 찬탄하게 합니다.

다시 널리 말하기를 '부처님께서는 천만억 겁에 한 번 나오시므로 만나기가 어렵다네.'라고 하니, 중생들이 이로 말미암아 부처님을 뵙고 청정한 믿음을 내어 뛸 듯이 기뻐하고 존중하며 공양을 올립니다.

復於佛所 聞諸佛名 轉更值遇無數諸佛 植諸善本 修習增長 爾時 無數百千萬億那由他衆生 因見佛故 皆得淸淨 究竟調伏 彼諸衆生 於菩薩所 皆生最上善知識想 因菩薩故 成就佛法 以無數劫所種善根 普於世間 施作佛事 佛子 菩薩摩訶薩 開示衆生 令見佛時 以諸善根 如是廻向 所謂願一切衆生 不待勸誘 自往見佛 承事供養 皆令歡喜 願一切衆生 常樂見佛 心無廢捨 願一切衆生 常勤修習廣大智慧 受持一切諸佛法藏

다시 부처님 처소에서 모든 부처님의 이름을 듣고 더욱더 셀 수 없는 모든 부처님을 만나 모든 선근을 심고 닦아 익혀서 증장하게 합니다.

이때 셀 수 없는 백천만 억 나유타 수의 중생들이 부처님을 뵙는 인연으로 모두 청정함을 얻어서 구경까지 조복하고, 저 모든 중생이 보살에게 가장 위인 선지식이라는 생각을 내며, 보살로 인해 불법을 성취하여 셀 수 없는 겁에 심은 선근으로 널리 세간에서 불사를 베풉니다.

불자들이여, 보살마하살이 중생에게 열어 보여서 부처님을 뵙게 할 때에 모든 선근으로써 이와 같이 회향하기를 '일체 중생이 권유를 기다리지 않고 스스로 가서 부처님을 뵙고 받들어 섬기며 공양 올려서 다 환희하기를 서원하고, 일체 중생이 항상 부처님 뵙기를 즐거워하여 마음에 버림이 없기를 서원하며, 일체 중생이 항상 광대한 지혜를 부지런히 닦아 익혀서 일체 모든 불법의 보배장을 받아 지니기를 서원하고,

願一切衆生 隨所聞聲 皆悟佛法 於無量劫 修菩薩行 願一切衆生 安住正念 恒以智眼 見佛出興 願一切衆生 不念異業 常憶見佛 勤修十力 願一切衆生 於一切處 常見諸佛 了達如來 遍虛空界 願一切衆生 皆得具足佛自在身 普於十方 成道說法 願一切衆生 遇善知識 常聞佛法 於諸如來 得不壞信 願一切衆生 悉能稱歎諸佛出興 令其見者 普得清淨

일체 중생이 소리 듣는 바를 따라서 모두 불법을 깨달아 한량없는 겁 동안에 보살행을 닦기를 서원하며, 일체 중생이 바른 생각에 편안히 머물러 항상 지혜의 눈으로 부처님께서 출현하심을 보기를 서원하고, 일체 중생이 다른 업을 생각하지 않고 항상 부처님 뵙기를 생각하여 십력을 부지런히 닦기를 서원하며, 일체 중생이 일체 곳에서 항상 모든 부처님을 뵙고 여래께서 허공계에 두루 하심을 밝게 통달하기를 서원하고, 일체 중생이 부처님의 자재한 몸을 모두 구족하고 널리 시방에서 도를 이루어 법을 설하기를 서원하며, 일체 중생이 선지식을 만나서 항상 불법을 듣고 모든 여래께 무너지지 않는 믿음을 얻기를 서원하고, 일체 중생이 모든 부처님의 출현하심을 찬탄하여 보는 이들이 널리 청정함을 얻기를 서원하나이다.'라고 합니다.

是爲菩薩摩訶薩 歎佛出世 善根廻向 爲令衆生 見一切佛 供養承事 於無上法 究竟淸淨故 佛子 菩薩摩訶薩 捨於 大地 或施諸佛 造立精舍 或施菩薩 及善知識 隨意所用 或施衆僧 以爲住處 或施父母 或施別人 聲聞獨覺 種種福 田 乃至一切貧窮孤露 及餘四衆 隨意悉與 令無所乏 或施 造立如來塔廟 於如是等諸處之中 悉爲辦具資生什物 令隨 意用 無所恐懼

이것을 보살마하살이 부처님의 출현하심을 찬탄하는 선근으로 회향하는 것이라 하니, 중생들로 하여금 일체 부처님을 뵙고 공양 올리며 받들어 섬겨서 위 없는 법을 구경까지 청정하게 하려는 까닭입니다.

불자들이여, 보살마하살이 큰 땅을 베풀되 혹은 모든 부처님께 보시하여 사원을 세우고, 혹은 보살과 선지식에게 보시하여 뜻대로 쓰게 하며, 혹은 스님들에게 보시하여 머물 곳으로 삼게 하고, 혹은 부모에게 보시하며, 혹은 다른 사람이나 성문과 독각과 갖가지 복밭에 보시하고, 더 나아가서 일체 빈궁하고 외로운 이와 그 밖의 사부대중에게 뜻대로 다 주어 부족함이 없게 하며, 혹은 여래의 탑묘를 세우는데 보시하니, 이와 같은 등 모든 곳에서 생활에 필요한 물건을 마련하고 뜻대로 쓰게 하여 염려가 없도록 합니다.

菩薩摩訶薩 隨何方所 布施地時 以諸善根 如是廻向 所謂
願一切衆生 具足淸淨一切智地 悉到普賢衆行彼岸 願一
切衆生 得總持地 正念受持一切佛法 願一切衆生 得住持
力 常能守護一切佛敎 願一切衆生 得如地心 於諸衆生 意
常淸淨 無有惡念 願一切衆生 持諸佛種 成就菩薩 諸地
次第 無有斷絶 願一切衆生 普爲一切 作安隱處 悉令調伏
住淸淨道 願一切衆生 同諸如來 利益世間 普使勤修 安住
佛力

보살마하살이 어떤 방위를 따라서 땅을 보시할 때에 모든 선근으로써 이와 같이 회향하기를 '일체 중생이 일체 지혜의 바탕을 청정하게 구족하여서 보현의 온갖 행으로 피안에 모두 이르르기를 서원하고, 일체 중생이 총지*의 바탕을 얻어서 바른 생각으로 일체 불법을 받아 지니기를 서원하며, 일체 중생이 주관하는 힘을 얻어서 일체 부처님의 가르침을 항상 지키고 보호하기를 서원하고, 일체 중생이 바탕과 같은 마음을 얻어서 모든 중생의 뜻이 항상 청정하여 악한 생각이 없기를 서원하며, 일체 중생이 모든 부처님의 종자를 지녀서 보살의 모든 지위를 차례로 성취하여 끊어짐이 없기를 서원하고, 일체 중생이 널리 일체를 위하여 편안한 곳이 되어서 모두 조복시켜 청정한 도에 머물게 하기를 서원하며, 일체 중생이 모든 여래와 같이 세간을 이익 되게 하며 두루 부지런히 닦아 부처님의 위력에 편안히 머물기를 서원하고,

願一切衆生 普爲世間之所愛樂 悉令安住無上佛樂 願一切
衆生 獲善方便 住佛諸力無畏法中 願一切衆生 得如地智
自在修行一切佛法 是爲 菩薩摩訶薩 施大地時 善根廻向
爲令衆生 皆得究竟一切如來淸淨地故

일체 중생이 널리 세간의 좋아하고 즐거워하는 바가 되어서 모두 위 없는 부처님의 즐거움에 편안히 머물게 하기를 서원하며, 일체 중생이 좋은 방편을 얻어서 부처님의 모든 위력과 두려움 없는 법 가운데 머물기를 서원하고, 일체 중생이 바탕과 같은 지혜를 얻어서 일체 불법을 닦아 행함을 자재하기를 서원하나이다.'라고 합니다.

　이것을 보살마하살이 큰 땅을 보시할 때 선근으로 회향하는 것이라 하니, 중생들로 하여금 구경에는 일체 여래의 청정한 바탕을 다 얻게 하려는 까닭입니다.

佛子 菩薩摩訶薩 布施僮僕 供養一切諸佛菩薩眞善知識
或施僧寶 或奉父母尊勝福田 或復給施病苦衆生 令無闕
乏 以存其命 或復施與貧窮孤露 及餘一切無瞻侍者 或爲
守護如來塔廟 或爲書持諸佛正法 以百千億那由他僕使 隨
時給施 其諸僕使 皆聰慧善巧 性自調順 常勤精進 無有懈
惰 具質直心 安樂心 利益心 仁慈心 恭恪心 無怨恨心 無
讎敵心 能隨受者 方俗所宜 於彼彼中 作諸利益

불자들이여, 보살마하살이 시종들을 보시하되, 일체 모든 불보살님과 참다운 선지식에게 공양 올리고, 혹은 승보에 보시하며, 혹은 부모와 수승한 어른을 복밭으로 받들고, 혹은 다시 병들어 고통받는 중생에게 보시하여 주어서 부족함이 없이 그 목숨을 보존하게 하며, 혹은 다시 빈궁하고 외로운 이와 그 밖의 일체 돌보는 이가 없는 이에게 보시하여 주고, 혹은 여래의 탑묘를 수호하며, 혹은 모든 부처님의 정법을 기록하고 지니게 하니, 백천억 나유타 수의 시종들을 때를 따라 보시하여 줍니다.

그 모든 시종이 다 지혜가 밝고 공교하며, 성품이 유순하고, 항상 부지런히 정진하여 게으름이 없으며, 정직한 마음과 편안하고 즐거운 마음과 이익 되게 하는 마음과 인자한 마음과 공손하고 조심하는 마음과 원한이 없는 마음과 원수와 적이 없는 마음을 갖추어서 받는 이의 지방 풍속에 알맞게 하여 그들 가운데에서 모든 이익을 짓습니다.

又皆從菩薩淨業所感 才能技藝 工巧算數 靡不通達 善能
供侍 悅可其心 菩薩 爾時 以諸善根 如是廻向 所謂願一
切衆生 得調順心 一切佛所 修習善根 願一切衆生 隨順供
養一切諸佛 於佛所說 悉能聽受 願一切衆生 得佛攝受 常
觀如來 更無餘念 願一切衆生 不壞佛種 勤修一切 順佛善
根 願一切衆生 常勤供養一切諸佛 無空過時 願一切衆生
攝持一切諸佛妙義 言辭淸淨 遊行無畏

또 모두 보살의 청정한 업으로부터 감응한 바를 따라 재능과 기예와 공교와 산수를 통달하지 않음이 없어서 잘 받들어 모시고 그들의 마음을 기쁘게 합니다.

보살이 이때 모든 선근으로써 이와 같이 회향하기를 '일체 중생이 유순한 마음을 얻어 일체 부처님 처소에서 선근을 닦아 익히기를 서원하고, 일체 중생이 일체 모든 부처님을 수순하여 공양 올리고 부처님께서 설하신 바를 다 듣고 받아들이기를 서원하며, 일체 중생이 부처님의 거두어 주심을 얻어 항상 여래만을 관하고 다른 생각이 없기를 서원하고, 일체 중생이 부처님의 종자 성품을 무너뜨리지 않고 일체를 부지런히 닦아 부처님의 선근을 따르기를 서원하며, 일체 중생이 일체 모든 부처님께 항상 부지런히 공양 올리며 헛되이 지내는 때가 없기를 서원하고, 일체 중생이 일체 모든 부처님의 묘한 이치를 거두어 지녀 언사가 청정하고 두루 다님에 두려움이 없기를 서원하며,

願一切衆生 常樂見佛 心無厭足 於諸佛所 不惜身命 願一
切衆生 得見諸佛 心無染着 離世所依 願一切衆生 但歸
於佛 永離一切邪歸依處 願一切衆生 隨順佛道 心常樂觀
無上佛法 是爲 菩薩摩訶薩 施僕使時 善根廻向 爲令衆生
遠離塵垢 淨治佛地 能現如來自在身故 佛子 菩薩摩訶薩
以身布施諸來乞者 布施之時 生謙下心 生如地心 生忍受
衆苦無變動心

일체 중생이 항상 부처님 뵙기를 좋아하여 마음에 싫증 냄이 없어서 모든 부처님께 몸과 목숨을 아끼지 않기를 서원하고, 일체 중생이 모든 부처님을 뵙고 마음에 물들 거나 집착함이 없어서 세간에 의지한 바를 여의기를 서 원하며, 일체 중생이 오직 부처님께 의지하여 일체 삿된 귀의처를 영원히 여의기를 서원하고, 일체 중생이 부처님 의 도를 수순하여 마음으로 항상 위 없는 불법을 즐겨 관하기를 서원하나이다.'라고 합니다.

　이것을 보살마하살이 시종을 보시할 때 선근으로 회향 하는 것이라 하니, 중생들로 하여금 티끌과 때를 멀리 여 의고 부처님의 땅을 깨끗하게 다스려 여래의 자재한 몸 을 나타내게 하려는 까닭입니다.

　불자들이여, 보살마하살이 구걸하러 오는 모든 이에 게 몸으로 보시하니, 보시할 때에 겸손하게 낮추는 마 음을 내고, 바탕과 같은 마음을 내며, 온갖 괴로움을 참 고 받으면서도 변하거나 움직임이 없는 마음을 내고,

生給侍衆生不疲厭心 生於諸衆生 猶如慈母 所有衆善 悉
廻與心 生於諸愚險極惡衆生 種種侵凌 皆寬宥心 安住善
根 精勤給事 菩薩 爾時 悉以善根 如是廻向 所謂願一切
衆生 隨其所須 常無闕乏 修菩薩行 恒不間斷 不捨一切菩
薩義利 善住菩薩所行之道 了達菩薩平等法性 得在如來
種族之數 住眞實語 持菩薩行 令諸世間 得淨佛法 深心信
解 證法究竟 令諸衆生 出生淸淨增上善根

중생들의 시중을 들되 피로해 하거나 싫어하는 마음을 내지 않으며, 모든 중생에게 마치 자애로운 어머니와 같이 온갖 착함을 다 돌려주려는 마음을 내고, 어리석고 험하며 극악한 모든 중생이 갖가지로 침해하고 업신여겨도 모두 너그럽게 용서하는 마음을 내어 선근에 편안히 머물러 있으면서 부지런히 섬깁니다.

　보살이 이때 모두 선근으로써 이와 같이 회향하기를 '일체 중생이 그 필요로 하는 바를 따라 항상 모자람이 없고, 보살행을 닦음에 항상 멈추지 않으며, 일체 보살의 뜻의 이로움을 버리지 않고, 보살의 행하는 도에 잘 머물며, 보살의 평등한 법성을 밝게 통달하고, 여래 종족의 수효에 있게 되며, 참답고 실다운 말에 머물러 보살행을 지니고, 모든 세간으로 하여금 청정한 불법을 얻게 하며, 깊은 마음으로 믿어 알아서 구경에는 법을 증득하니, 모든 중생으로 하여금 청정하고 더욱 더한 선근을 내게 하여서

住大功德 具一切智 又以此善根 令一切衆生 常得供養一
切諸佛 解一切法 受持讀誦 不忘不失 不壞不散 心善調伏
不調令調 以寂靜法 而調習之 令彼衆生 於諸佛所 住如是
事 又以此善根 令一切衆生 作第一塔 應受世間種種供養
令一切衆生 成最上福田 得佛智慧 開悟一切 令一切衆生
作最上受者 普能饒益一切衆生 令一切衆生 成最上福利
能使具足一切善根

큰 공덕에 머물러 일체 지혜를 갖추기를 서원하나이다.'
라고 합니다.

또 이 선근으로써 '일체 중생으로 하여금 항상 일체
모든 부처님께 공양 올려서 일체의 법을 알아 받아 지니
고, 읽고 외워서 잊지 않고 잃어 버리지 않으며, 무너지
지 않고 흩어지지 않으며, 마음을 잘 조복시켜 조복하지
못한 이를 조복하게 하며, 열반법을 고루 익혀서 저 중
생들로 하여금 모든 부처님 처소에서 이와 같은 일에 머
물게 합니다.'라고 합니다.

또 이 선근으로써 '일체 중생으로 하여금 제일가는 탑
이 되어 세간의 갖가지 공양을 받게 하고, 일체 중생
으로 하여금 가장 위인 복밭을 이루고 부처님의 지혜
를 얻어 일체를 깨닫게 하며, 일체 중생으로 하여금 최
상의 들어주는 이가 되어 널리 일체 중생을 넉넉히 이
익 되게 하고, 일체 중생으로 하여금 가장 위인 복의
이로움을 이루어 일체 선근을 구족하여 누리게 하며,

令一切衆生 成第一好施處 能使獲得無量福報 令一切衆
生 於三界中 皆得出離 令一切衆生 作第一導師 能爲世間
示如實道 令一切衆生 得妙總持 具持一切諸佛正法 令一
切衆生 證得無量第一法界 具足虛空無礙正道 是爲 菩薩
摩訶薩 施自己身 善根廻向 爲令衆生 皆得應供無量智身故
佛子 菩薩摩訶薩 聞法喜悅 生淨信心 能以其身 供養諸佛
欣樂信解無上法寶 於諸佛所 生父母想

일체 중생으로 하여금 제일 훌륭한 보시의 처소가 되어 한량없는 복의 과보를 얻게 하고, 일체 중생으로 하여금 삼계에서 모두 벗어나게 하며, 일체 중생으로 하여금 제일의 도사가 되어 세간을 위하여 실다운 도를 보게 하고, 일체 중생으로 하여금 묘한 총지를 얻어 일체 모든 부처님의 정법을 갖추어 지니게 하며, 일체 중생으로 하여금 한량없는 제일의 법계를 증득하여 허공처럼 걸림없는 바른 도를 구족하게 합니다.'라고 합니다.

이것을 보살마하살이 자기의 몸을 보시하여 선근으로 회향하는 것이라 하니, 중생들로 하여금 모두 부처님〔應供〕의 한량없는 지혜의 몸을 얻게 하려는 까닭입니다.

불자들이여, 보살마하살이 법을 듣고 기뻐하여 청정하게 믿는 마음을 내고, 그 몸으로 모든 부처님께 공양 올리며, 위 없는 법의 보배를 즐거이 믿어 알아서 모든 부처님께 부모라는 생각을 냅니다.

讀誦受持無礙道法 普入無數那由他法 大智慧寶 諸善根門
心常憶念無量諸佛 入佛境界 深達義理 能以如來微密梵
音 興佛法雲 雨佛法雨 勇猛自在 能分別說一切智人第一之
地 具足成就薩婆若乘 以無量百千億那由他大法 成滿諸根
佛子 菩薩摩訶薩 於諸佛所 聞如是法 歡喜無量 安住正法
自斷疑惑 亦令他斷 心恒怡暢 功德成滿 善根具足 意恒相
續 利益衆生 心常不匱 獲最勝智 成金剛藏

걸림 없는 도의 법을 읽고 외워서 받아 지녀 셀 수 없는 나유타 수의 법과 큰 지혜의 보배인 모든 선근의 문에 널리 들어가고, 마음은 항상 한량없는 모든 부처님을 깊이 지녀 잊지 않아 부처님의 경계에 들어가서 깊은 이치를 통달하며, 여래의 미세하고 밀밀한 부처님의 음성으로 부처님의 법구름을 일으켜 부처님의 법비를 내림에 용맹스럽게 자재하고, 일체 지혜 있는 이의 제일의 지위를 분별하여 설하며 살바야 법을 성취하여 구족해서 한량없는 백천억 나유타 수의 큰 법으로 모든 근을 원만히 이룹니다.

불자들이여, 보살마하살이 모든 부처님께 이와 같은 법을 듣고 한량없이 기뻐하여 정법에 편안히 머물며, 자신도 의혹을 끊고 또한 다른 이도 끊게 하며, 마음이 항상 기쁘고 화창하여 공덕을 원만히 이루며, 선근을 구족하여 뜻이 항상 이어지며, 중생을 이익 되게 하는 마음이 항상 다함이 없으며, 가장 뛰어난 지혜를 얻어 금강의 보배장을 이루며,

親近諸佛 淨諸佛刹 常勤供養一切如來 菩薩 爾時 以諸善根 如是廻向 所謂願一切衆生 皆得圓滿最勝之身 一切諸佛之所攝受 願一切衆生 常近諸佛 依諸佛住 恒得覲仰 未曾遠離 願一切衆生 皆得淸淨不壞之身 具足一切功德智慧 願一切衆生 常勤供養一切諸佛 行無所得究竟梵行 願一切衆生 得無我身 離我我所 願一切衆生 悉能分身 遍十方刹 猶如影現 而無來往

모든 부처님을 친근하여 청정한 모든 부처님세계의 일
체 여래께 항상 부지런히 공양 올립니다.

보살이 이때 모든 선근으로써 이와 같이 회향하기를
'일체 중생이 모두 원만하고 가장 뛰어난 몸을 얻어서 일
체 모든 부처님께서 거두어 주시기를 서원하고, 일체 중
생이 항상 모든 부처님을 친근하여 모든 부처님을 의지
해 머무르며 항상 우러러 뵙고 잠깐이라도 멀리 떠나지
않기를 서원하며, 일체 중생이 모두 무너지지 않는 청정
한 몸을 얻어서 일체 공덕과 지혜를 구족하기를 서원하
고, 일체 중생이 일체 모든 부처님께 항상 부지런히 공
양 올려서 얻을 바 없는 구경의 범행을 행하기를 서원하
며, 일체 중생이 무아의 몸을 얻어서 나와 나의 곳이라
는 것을 여의기를 서원하고, 일체 중생이 모두 여러 가
지로 몸을 나타내어 시방세계에 두루 하게 하되 마치 그
림자가 나타나는 것과 같이 오고 감이 없기를 서원하며,

願一切衆生 得自在身 普往十方 無我無受 願一切衆生 從
佛身生 處在如來無上身家 願一切衆生 得法力身 忍辱大
力 無能壞者 願一切衆生 得無比身 成就如來淸淨法身 願
一切衆生 成就出世功德之身 生無所得淸淨法界 是爲 菩
薩摩訶薩 以身供佛 善根廻向 爲令衆生 永住三世諸佛家
故 佛子 菩薩摩訶薩 以身布施一切衆生 爲欲普令成就善
根 憶念善根

일체 중생이 자재한 몸을 얻어서 시방에 널리 가되 나라
는 것도 없고 받는다는 것도 없기를 서원하고, 일체 중
생이 부처님 몸으로부터 나서 위 없는 몸인 여래의 가
문에 살기를 서원하며, 일체 중생이 법력의 몸을 얻어서
인욕의 큰 힘을 파괴할 이가 없기를 서원하고, 일체 중
생이 견줄 데 없는 몸을 얻어서 여래의 청정한 법신을
성취하기를 서원하며, 일체 중생이 세간을 벗어난 공덕
의 몸을 성취하여서 얻을 바 없는 청정한 법계에 나기를
서원하나이다'라고 합니다.

이것을 보살마하살이 몸으로 부처님께 공양 올려 선근
으로 회향하는 것이라 하니, 중생들로 하여금 삼세 모든
부처님의 가문에 영원히 머물게 하려는 까닭입니다.

불자들이여, 보살마하살이 일체 중생에게 몸으로 보시
하여 널리 선근을 성취하게 하고자 선근을 마음속 깊이
지녀 잊지 않게 합니다.

菩薩摩訶薩 自願其身 爲大明燈 普能照耀一切衆生 爲衆
樂具 普能攝受一切衆生 爲妙法藏 普能任持一切衆生 爲
淨光明 普能開曉一切衆生 爲世光影 普令衆生 常得睹見
爲善根因緣 普令衆生 常得値遇 爲眞善知識 令一切衆生
悉蒙敎誘 爲平坦道 令一切衆生 皆得履踐 爲無有上具足
安樂 令一切衆生 離苦淸淨 爲明淨日 普作世間平等利益

보살마하살이 그 몸으로 스스로 서원하니, 크고 밝은 등불이 되어 일체 중생에게 널리 비추고, 온갖 즐길 거리가 되어 일체 중생을 널리 거두어 받아들이며, 묘한 법의 보배장이 되어 일체 중생을 널리 주관하고, 청정한 광명이 되어 일체 중생을 널리 열어서 깨닫게 하며, 세상의 빛과 그림자가 되어 널리 중생들로 하여금 항상 보게 하고, 선근의 인연이 되어 널리 중생들로 하여금 항상 만나게 하며, 참다운 선지식이 되어 일체 중생으로 하여금 모두 가르침을 받게 하고, 평탄한 길이 되어 일체 중생으로 하여금 모두 밟고 다니게 하며, 위 없는 안락을 구족하여 일체 중생으로 하여금 괴로움을 여의어 청정하게 하고, 밝고 깨끗한 태양이 되어 널리 세간에 평등한 이익이 되게 합니다.

菩薩 爾時 以諸善根 如是廻向 所謂願一切衆生 常親近佛 入佛智地 願一切衆生 得隨順智 住無上覺 願一切衆生 常 處佛會 意善調伏 願一切衆生 所行有則 具佛威儀 願一切 衆生 悉得涅槃 深解法義 願一切衆生 具知足行 生如來 家 願一切衆生 捨無明欲 住佛志樂 願一切衆生 生勝善根 坐菩提樹 願一切衆生 殺煩惱賊 離怨害心 願一切衆生 具 足護持一切佛法

보살이 이때 모든 선근으로써 이와 같이 회향하기를 '일체 중생이 항상 부처님을 친근하여 부처님 지혜의 바탕에 들어가기를 서원하고, 일체 중생이 수순하는 지혜를 얻어 위 없는 깨달음에 머물기를 서원하며, 일체 중생이 항상 부처님 회상에 있어 뜻을 잘 조복하기를 서원하고, 일체 중생이 행하는 바에 법칙이 있어 부처님의 위의를 갖추기를 서원하며, 일체 중생이 모두 열반을 깨달아 법의 이치를 깊이 알기를 서원하고, 일체 중생이 만족함을 아는 행을 갖추어 여래의 가문에 나기를 서원하며, 일체 중생이 무명의 욕심을 버리고 부처님의 뜻의 즐거움에 머물기를 서원하고, 일체 중생이 뛰어난 선근을 내어 보리수에 앉기를 서원하며, 일체 중생이 번뇌의 도적을 없애어 원망하고 해치려는 마음을 여의기를 서원하고, 일체 중생이 일체 불법을 구족하고 보호하여 지키기를 서원하나이다.'라고 합니다.

是爲 菩薩摩訶薩 以身布施一切衆生 善根廻向 爲欲利益
一切衆生 令得無上安隱處故 佛子 菩薩摩訶薩 自以其身
給侍諸佛 於諸佛所 念報重恩 如父母想 於諸如來 起深信
樂 以淸淨心 護佛菩提 住諸佛法 離世間想 生如來家 隨
順諸佛 離魔境界 了達一切諸佛所行 成就一切諸佛法器
菩薩 爾時 以此善根 如是廻向 所謂願一切衆生 得淸淨心
一切智寶 而自莊嚴 願一切衆生 住善調伏 遠離一切諸不
善業

이것을 보살마하살이 일체 중생에게 몸으로 보시하여 선근으로 회향하는 것이라 하니, 일체 중생을 이익 되게 하기 위하여 위 없는 편안한 곳을 얻게 하려는 까닭입니다.

불자들이여, 보살마하살이 그 몸으로써 스스로 모든 부처님을 섬기되, 모든 부처님의 중한 은혜에 보답하기를 부모를 생각하듯이 하여 모든 여래께 깊은 믿음의 즐거움을 일으키고, 청정한 마음으로써 부처님의 보리를 보호하고 모든 불법에 머무르며, 세간의 생각을 여의어 여래의 가문에 태어나고, 모든 부처님을 수순하여 마의 경계를 여의며, 일체 모든 부처님의 행하신 바를 밝게 통달하여 일체 모든 부처님의 법의 그릇을 성취합니다.

보살이 이때 이 선근으로써 이와 같이 회향하기를 '일체 중생이 청정한 마음을 얻어 일체 지혜의 보배로 스스로 장엄하기를 서원하고, 일체 중생이 잘 조복함에 머물러 일체 모든 착하지 않은 업을 멀리 여의기를 서원하며,

願一切衆生 得不可壞堅固眷屬 普能攝受諸佛正法 願一切
衆生 爲佛弟子 到於菩薩灌頂之地 願一切衆生 常爲諸佛
之所攝受 永離一切不善之法 願一切衆生 隨順諸佛 修行
菩薩最勝之法 願一切衆生 入佛境界 悉皆得授一切智記
願一切衆生 與諸如來 皆悉平等 一切佛法 無不自在 願一
切衆生 悉爲諸佛之所攝受 常能修行無取着業 願一切衆
生 常爲諸佛第一侍者 一切佛所 修智慧行

일체 중생이 무너질 수 없는 견고한 권속을 얻어 널리 모든 부처님의 정법을 거두어 받아들이기를 서원하고, 일체 중생이 부처님의 제자가 되어 보살의 관정의 지위에 이르르기를 서원하며, 일체 중생이 항상 모든 부처님의 거두어 주시는 바가 되어 일체 착하지 않은 법을 영원히 여의기를 서원하고, 일체 중생이 모든 부처님을 수순하여 보살의 가장 뛰어난 법을 닦아 행하기를 서원하며, 일체 중생이 부처님 경계에 들어가 모두 다 일체 지혜의 수기를 받기를 서원하고, 일체 중생이 모든 여래와 더불어 모두 다 평등하여 일체 불법에 자재하지 않음이 없기를 서원하며, 일체 중생이 모든 부처님의 거두어 주시는 바가 되어 취하여 집착함이 없는 업을 항상 닦아 행하기를 서원하고, 일체 중생이 항상 모든 부처님의 제일가는 시자가 되어 일체 부처님의 처소에서 지혜의 행을 닦기를 서원하나이다.'라고 합니다.

是爲 菩薩摩訶薩 給侍諸佛 善根廻向 爲欲證得諸佛菩提
爲欲救護一切衆生 爲欲出離一切三界 爲欲成就無損惱心
爲得無量廣大菩提 爲欲成就照佛法智 爲欲常蒙諸佛攝受
爲得諸佛之所護持 爲欲信解一切佛法 爲欲成就與三世佛
平等善根 爲欲圓滿無悔恨心 證得一切諸佛法故 佛子 菩
薩摩訶薩 布施國土一切諸物 乃至王位 悉亦能捨

이것을 보살마하살이 모든 부처님을 섬기는 선근으로 회향하는 것이라 하니, 모든 부처님의 보리를 증득하기 위함이고, 일체 중생을 구제하여 보호하기 위함이며, 일체 삼계에서 벗어나기 위함이고, 손해와 괴로움이 없는 마음을 성취하기 위함이며, 한량없이 광대한 보리를 얻기 위함이고, 불법의 지혜로 비춤을 성취하기 위함이며, 모든 부처님의 거두어 주심을 항상 받기 위함이고, 모든 부처님의 보호하여 지켜 주심을 얻기 위함이며, 일체 불법을 믿어 알기 위함이고, 삼세 부처님과 더불어 평등한 선근을 성취하기 위함이며, 뉘우치고 한탄함이 없는 마음을 원만하게 하기 위함이고, 일체 모든 불법을 증득하기 위한 까닭입니다.

불자들이여, 보살마하살이 국토와 일체 모든 물건을 보시하고 더 나아가서 왕위까지도 또한 모두 베푸니,

於諸世事 心得自在 無繫無縛 無所戀着 遠離惡業 饒益衆生 不着業果 不樂世法 不復貪染諸有生處 雖住世間 非此處生 心不執着蘊界處法 於內外法 心無依住 常不忘失諸菩薩行 未曾遠離諸善知識 持諸菩薩廣大行願 常樂承事一切善友 菩薩 爾時 以此善根 如是廻向 所謂願一切衆生 爲大法王 於法自在 到於彼岸 願一切衆生 成佛法王 摧滅一切煩惱怨賊

모든 세간의 일에 마음이 자재함을 얻어서 매임도 없고 얽힘도 없으며 그리워하거나 집착함도 없고, 악한 업을 멀리 여의어 중생을 넉넉히 이익 되게 하며, 업과에 집착하지 않고 세간법을 좋아하지 않으며 모든 유루의 세계에 나는 것을 다시는 탐착하거나 물들지 않고, 비록 세간에 머무르나 이곳에 나는 것도 아니며, 마음이 오온과 십팔계와 십이처법에 집착하지 않아 안과 밖의 법에 의지하거나 머무르는 마음이 없고, 항상 모든 보살행을 잊어버리지 않고 일찍이 모든 선지식을 멀리 여읜 적이 없으며, 모든 보살의 광대한 서원행을 지녀서 항상 일체 착한 벗을 받들어 섬기기를 좋아합니다.

보살이 이때 이 선근으로써 이와 같이 회향하기를 '일체 중생이 큰 법왕이 되어 법에 자재하여서 피안에 이르르기를 서원하고, 일체 중생이 불법의 왕이 되어 일체 번뇌의 원수와 도적을 꺾어서 멸하기를 서원하며,

願一切衆生 住佛王位 得如來智 開演佛法 願一切衆生 住
佛境界 能轉無上自在法輪 願一切衆生 生如來家 於法自
在 護持佛種 永使不絕 願一切衆生 開示無量法王正法 成
就無邊諸大菩薩 願一切衆生 住淨法界 爲大法王 現佛出
興 相繼不斷 願一切衆生 於諸世界 作智慧王 化導群生
無時暫捨 願一切衆生 普爲法界虛空界等諸世界中一切衆
生 作法施主 使其咸得住於大乘 願一切衆生 得成具足衆
善之王 與三世佛 善根齊等

일체 중생이 부처님의 왕위에 머물러 여래의 지혜를 얻어서 불법을 열어 널리 펴기를 서원하고, 일체 중생이 부처님의 경계에 머물러 위 없이 자재한 법륜을 굴리기를 서원하며, 일체 중생이 여래의 가문에 태어나 법에 자재하여 부처님의 종자를 보호하고 지녀서 영원히 끊어지지 않게 하기를 서원하고, 일체 중생이 한량없는 법왕의 정법을 열어 보여 끝이 없는 모든 큰 보살을 성취하기를 서원하며, 일체 중생이 청정한 법계에 머물러 큰 법왕이 되어 부처님의 출현하심을 나타내어서 계속해서 끊어지지 않기를 서원하고, 일체 중생이 모든 세계에서 지혜의 왕이 되어 중생들을 교화하고 인도하여 잠시라도 버림이 없기를 서원하며, 일체 중생이 법계와 허공계 등 모든 세계 가운데 일체 중생을 위하여 법의 시주가 되어 그들로 하여금 모두 대승에 머물게 하기를 서원하고, 일체 중생이 온갖 착함을 구족한 왕이 되어 삼세 부처님과 더불어 선근이 평등하기를 서원하나이다.'라고 합니다.

是爲 菩薩摩訶薩 布施王位 善根廻向 爲欲令彼一切衆生
究竟住於安隱處故 佛子 菩薩摩訶薩 見有人來 乞王京都
嚴麗大城 及以關防 所有輸稅 盡皆施與 心無恪惜 專向菩
提 發大誓願 住於大慈 行於大悲 志意歡悅 利益衆生 以
廣大智 解了深法 安住諸佛平等法性 發心爲求一切智故 於
自在法 起深樂故 於自在智 求證得故 淨修一切諸功德故

이것을 보살마하살이 왕위를 보시하는 선근으로 회향하는 것이라 하니, 저 일체 중생으로 하여금 구경까지 편안한 곳에 머물게 하려는 까닭입니다.

　불자들이여, 보살마하살이 어떤 사람이 와서 수도와 화려하게 장엄한 큰 성과 세관에서 받는 세금을 구걸하는 것을 보고 모두 다 보시하여 주되 아끼는 마음이 없습니다.

　오로지 보리를 향하여 큰 서원만을 발하고, 대자에 머물면서 대비를 행하며, 마음의 뜻이 환희하여 중생을 이익 되게 하고, 광대한 지혜로 깊은 법을 분명히 알아서 모든 부처님의 평등한 법성에 편안히 머무르니, 일체 지혜를 구하려 발심하는 까닭이고, 자재한 법에 깊은 즐거움을 일으키는 까닭이며, 자재한 지혜를 증득하기를 구하는 까닭이고, 일체 모든 공덕을 청정하게 닦는 까닭이며,

住於堅固廣大智故 廣集一切諸善根故 修行一切佛法願故
自然覺悟大智法故 安住菩提 心無退故 修習一切菩薩行願
一切種智 盡究竟故 而行布施 以此善根 如是廻向 所謂願
一切衆生 悉能嚴淨無量刹土 奉施諸佛 以爲住處 願一切
衆生 常樂居止阿蘭若處 寂靜不動 願一切衆生 永不依止
王都聚落 心樂寂靜 永得究竟 願一切衆生 永不樂着一切
世間 於世語言 常樂遠離

견고하고 광대한 지혜에 머무는 까닭이고, 일체 모든 선근을 널리 모으는 까닭이며, 일체 불법을 닦아 행하기를 서원하는 까닭이고, 큰 지혜의 법을 자연히 깨닫는 까닭이며, 보리에 편안히 머물러 마음이 물러나지 않는 까닭이고, 일체 보살의 서원행을 닦아 익혀서 일체종지를 구경까지 다하려는 까닭으로 보시를 행합니다.

이런 선근으로써 이와 같이 회향하기를 '일체 중생이 한량없는 국토를 모두 청정히 장엄하여 모든 부처님을 받들어 계실 곳을 보시하기를 서원하고, 일체 중생이 항상 아란야 처소*에 사는 것을 좋아하여서 고요하고 고요하여 움직임이 없기를 서원하며, 일체 중생이 수도[王都]나 취락을 영원히 의지하지 않고 마음의 열반을 좋아하여 구경을 영원히 얻기를 서원하고, 일체 중생이 영원히 일체 세간을 좋아하거나 집착하지 않아서 세간의 말을 항상 멀리 여의는 것을 좋아하기를 서원하며,

願一切衆生 得離貪心 施諸所有 心無中悔 願一切衆生 得
出離心 捨諸家業 願一切衆生 得無恪心 常行惠施 願一切
衆生 得不着心 離居家法 願一切衆生 得離衆苦 除滅一切
災橫怖畏 願一切衆生 嚴淨十方一切世界 奉施諸佛 是爲
菩薩摩訶薩 布施王都 善根廻向 爲令衆生 悉能嚴淨諸佛
刹故

일체 중생이 탐욕을 여읜 마음을 얻어 모든 가진 바를 보시하되 마음이 도중에 후회함이 없기를 서원하고, 일체 중생이 벗어나는 마음을 얻어 모든 가업을 버리기를 서원하며, 일체 중생이 아낌이 없는 마음을 얻어 항상 은혜롭게 보시를 행하기를 서원하고, 일체 중생이 집착하지 않는 마음을 얻어 집에 사는 법을 여의기를 서원하며, 일체 중생이 온갖 괴로움을 여의어 일체의 재앙과 두려움을 멸하여 없애기를 서원하고, 일체 중생이 시방의 일체 세계를 깨끗이 장엄하여 모든 부처님을 받들어 보시하기를 서원하나이다.'라고 합니다.

이것을 보살마하살이 수도를 보시하는 선근으로 회향하는 것이라 하니, 중생들로 하여금 모든 부처님세계를 깨끗이 장엄하게 하려는 까닭입니다.

佛子 菩薩摩訶薩 所有一切內宮眷屬 妓侍衆女 皆顏貌端
正 才能具足 談笑歌舞 悉皆巧妙 種種衣服 種種華香 而
以嚴身 見者歡喜 情無厭足 如是寶女百千萬億那由他數 皆
由菩薩善業所生 隨意自在 敬順無失 盡以布施諸來乞者 而
於其中 無愛樂心 無顧戀心 無耽着心 無繫縛心 無執取心
無貪染心 無分別心 無隨逐心 無取相心 無樂欲心

불자들이여, 보살마하살이 일체 궁 안의 권속과 기녀와 시녀들을 거느리니, 모두 용모가 단정하고 재능을 갖추며, 말하고 웃고 노래하며 춤추는 것이 모두 교묘하며, 갖가지 의복과 갖가지 꽃과 향으로 몸을 장엄하여서 보는 이가 환희하여 싫어하거나 싫증내는 마음이 없습니다.

이와 같은 보배 여자들의 수효가 백천만 억 나유타 수이고, 모두 보살의 착한 업으로 난 바여서 뜻을 따라 자재하여 공경히 순종함을 잃지 않으며, 와서 구걸하는 모든 이에게 모두 보시하되, 그 가운데 좋아하고 즐거워하는 마음이 없고, 돌아보고 그리워하는 마음이 없으며, 탐착하는 마음이 없고, 속박하는 마음이 없으며, 붙들어 가지려는 마음이 없고, 탐하거나 물드는 마음이 없으며, 분별하는 마음이 없고, 쫓아 따라가는 마음이 없으며, 모습을 취하는 마음이 없고, 즐기고자 하는 마음도 없습니다.

菩薩 爾時 觀諸善根 爲欲令一切衆生 咸得出離故 廻向
得佛法喜故 廻向 於不堅固中 而得堅固故 廻向 得金剛智
不可壞心故 廻向 入佛道場故 廻向 到於彼岸故 廻向 得無
上菩提心故 廻向 能以智慧 了達諸法故 廻向 出生一切善
根故 廻向 入三世諸佛家故 廻向 佛子 菩薩摩訶薩 住如
是法 生如來家 增長諸佛清淨勝因 出生最勝一切智道

보살이 이때 모든 선근을 관하여 일체 중생으로 하여금
다 벗어나게 하기 위한 까닭으로 회향하고, 불법에 기쁨을
얻게 하기 위한 까닭으로 회향하며, 견고하지 않은 가운데
견고함을 얻게 하기 위한 까닭으로 회향하고, 금강의 지혜
와 무너질 수 없는 마음을 얻게 하기 위한 까닭으로 회향
하며, 부처님 도량에 들어가게 하기 위한 까닭으로 회향하
고, 피안에 이르르게 하기 위한 까닭으로 회향하며, 위 없
는 보리심을 얻게 하기 위한 까닭으로 회향하고, 지혜로써
모든 법을 밝게 통달하게 하기 위한 까닭으로 회향하며, 일
체 선근을 내게 하기 위한 까닭으로 회향하고, 삼세 모든
부처님의 가문에 들어가게 하기 위한 까닭으로 회향합니다.

불자들이여, 보살마하살이 이와 같은 법에 머물면, 여
래의 가문에 태어나 모든 부처님의 청정하고 뛰어난 인연
을 더욱 더하게 되고, 가장 뛰어난 일체 지혜의 도를 내어

深入菩薩廣大智業 滅除一切世間垢惱 常能供施功德福田
爲諸衆生 宣說妙法 善巧安立 令其修習諸清淨行 常勤攝
取一切善根 菩薩 爾時 以諸善根 如是廻向 所謂願一切衆
生 常得無量三昧眷屬 菩薩勝定 相續不斷 願一切衆生 常
樂見佛 悉入諸佛莊嚴三昧 願一切衆生 成就菩薩不思議
定 自在遊戲無量神通 願一切衆生 入如實定 得不壞心

보살의 광대한 지혜의 업에 깊이 들어가며, 일체 세간의 때와 번뇌를 멸하여 없애서 항상 공덕의 복밭에 공양 올려 보시하고, 모든 중생을 위하여 묘한 법을 널리 펴 설하여서 공교로운 방편으로 안립하며, 그들로 하여금 모든 청정한 행을 닦아 익혀서 항상 부지런히 일체 선근을 거두어들이게 합니다.

보살이 이때 모든 선근으로써 이와 같이 회향하기를 '일체 중생이 항상 한량없는 삼매의 권속을 얻어 보살의 뛰어난 선정이 이어져서 끊이지 않기를 서원하고, 일체 중생이 항상 부처님 뵙기를 좋아하여 모든 부처님의 장엄한 삼매에 들기를 서원하며, 일체 중생이 보살의 부사의한 선정을 성취하여 한량없는 신통을 자재하게 유희하기를 서원하고, 일체 중생이 여실한 선정에 들어 무너지지 않는 마음을 얻기를 서원하며,

願一切衆生 盡獲菩薩甚深三昧 於諸禪定 而得自在 願一切衆生 得解脫心 成就一切三昧眷屬 願一切衆生 種種三昧 皆得善巧 悉能攝取諸三昧相 願一切衆生 得勝智三昧 普能學習諸三昧門 願一切衆生 得無礙三昧 入深禪定 終不退失 願一切衆生 得無着三昧 心恒正受 不取二法 是爲菩薩摩訶薩 布施一切內宮眷屬時 善根廻向 爲欲令一切衆生 皆得不壞淸淨眷屬故

일체 중생이 보살의 심히 깊은 삼매를 얻어 모든 선정에 자재함을 얻기를 서원하고, 일체 중생이 해탈의 마음을 얻어 일체 삼매의 권속을 성취하기를 서원하며, 일체 중생이 갖가지 삼매에 모두 공교함을 얻어 모든 삼매의 상을 거두어들이기를 서원하고, 일체 중생이 뛰어난 지혜의 삼매를 얻어 모든 삼매의 문을 널리 배워 익히기를 서원하며, 일체 중생이 걸림 없는 삼매를 얻어 깊은 선정에 들어서 끝내 물러나지 않기를 서원하고, 일체 중생이 집착함이 없는 삼매를 얻어 마음이 항상 바르게 받아들여서 두가지 법을 취하지 않기를 서원하나이다.'라고 합니다.

　이것을 보살마하살이 일체 궁 안의 권속을 보시할 때 선근으로 회향하는 것이라 하니, 일체 중생으로 하여금 모두 무너지지 않는 청정한 권속을 얻게 하기 위한 까닭이고,

爲欲令一切衆生 皆得菩薩眷屬故 爲欲令一切衆生 悉得滿足佛法故 爲欲令一切衆生 滿足一切智力故 爲欲令一切衆生 證於無上智慧故 爲欲令一切衆生 得於隨順眷屬故 爲欲令一切衆生 得同志行人共居故 爲欲令一切衆生 具足一切福智故 爲欲令一切衆生 成就淸淨善根故 爲欲令一切衆生 得善和眷屬故 爲欲令一切衆生 成就如來淸淨法身故

일체 중생으로 하여금 모두 보살의 권속을 얻게 하기 위한 까닭이며, 일체 중생으로 하여금 모두 불법을 원만히 구족하게 하기 위한 까닭이고, 일체 중생으로 하여금 일체 지혜의 힘을 원만히 구족하게 하기 위한 까닭이며, 일체 중생으로 하여금 위 없는 지혜를 증득하게 하기 위한 까닭이고, 일체 중생으로 하여금 수순하는 권속을 얻게 하기 위한 까닭이며, 일체 중생으로 하여금 뜻이 같은 수행인과 함께 살게 하기 위한 까닭이고, 일체 중생으로 하여금 일체의 복과 지혜를 구족하게 하기 위한 까닭이며, 일체 중생으로 하여금 청정한 선근을 성취하게 하기 위한 까닭이고, 일체 중생으로 하여금 착하고 화평한 권속을 얻게 하기 위한 까닭이며, 일체 중생으로 하여금 여래의 청정한 법신을 성취하게 하기 위한 까닭이고,

爲欲令一切衆生 成就次第如理辯才 善說諸佛無盡法藏故
爲欲令一切衆生 永捨一切世俗善根 同修出世清淨善根故
爲欲令一切衆生 淨業圓滿 成就一切清淨法故 爲欲令一切
衆生 一切佛法 皆悉現前 以法光明 普嚴淨故 佛子 菩薩
摩訶薩 能以所愛妻子 布施 猶如往昔須達拏太子 現莊嚴
王菩薩 及餘無量諸菩薩等 菩薩 爾時 乘薩婆若心 行一切
施 淨修菩薩布施之道 其心清淨 無有中悔 罄捨所珍 求一
切智 令諸衆生

일체 중생으로 하여금 여여한 이치의 변재를 차례대로 성취하여 모든 부처님의 다함이 없는 법의 보배장을 잘 설하게 하기 위한 까닭이며, 일체 중생으로 하여금 일체 세속의 선근을 영원히 버리고 세간을 벗어나는 청정한 선근을 함께 닦게 하기 위한 까닭이고, 일체 중생으로 하여금 청정한 업을 원만히 하여 일체 청정한 법을 성취하게 하기 위한 까닭이며, 일체 중생으로 하여금 일체 불법이 모두 목전에 드러나서 법의 광명으로 널리 청정히 장엄하게 하기 위한 까닭입니다.

불자들이여, 보살마하살이 사랑하는 처자를 보시하니, 마치 오랜 옛적에 수달나태자와 현장엄왕보살과 그 밖의 한량없는 모든 보살 등과 같이 합니다.

보살이 이때 살바야의 마음으로 일체 보시를 행하여서 보살의 보시하는 도를 청정하게 닦되, 그 마음이 청정하여 도중에 후회함이 없고, 귀하게 여기는 바를 다 베풀어 일체 지혜를 구하며, 모든 중생으로 하여금

淨深志樂 成菩提行 觀菩薩道 念佛菩提 住佛種性 菩薩摩
訶薩 成辦如是布施心已 決定志求如來之身 自觀己身 繫屬
一切 不得自在 又以其身 普攝衆生 猶如寶洲 給施一切 未
滿足者 令其滿足 菩薩 如是護念衆生 欲令自身 作第一塔
普使一切 皆生歡喜 欲於世間 生平等心 欲爲衆生 作淸凉
池 欲與衆生 一切安樂 欲爲衆生 作大施主 智慧自在 了知
菩薩所行之行

깊은 뜻의 즐거움을 청정하게 하고, 보리행을 이루어 보살의 도를 관하며, 부처님의 보리를 생각하여 부처님의 종자 성품에 머물게 합니다.

보살마하살이 이와 같이 보시의 마음을 힘써 이루어서 여래의 몸을 구하려는 뜻을 분명히 하여, 스스로 자기의 몸이 일체에 얽매여 자재하지 못함을 관하고, 또 그 몸으로 널리 중생들을 굳게 지키어 마치 보물섬이 일체의 것을 베풀어 주듯이 만족하지 못한 이를 만족하게 합니다.

보살도 이와 같이 중생을 호념하니, 자신의 몸이 제일의 탑이 되어 널리 일체로 하여금 환희를 내게 하고자 하고, 세간에 평등한 마음을 내게 하고자 하며, 중생을 위하여 청량한 연못이 되고자 하고, 중생에게 일체의 안락을 주고자 하며, 중생을 위하여 큰 시주가 되고자 하고, 지혜를 자재하여 보살이 행할 행을 밝게 알고자 하며,

而能如是大誓莊嚴 趣一切智 願成無上智慧福田 普念衆生
常隨守護 而能成辦自身利益 智慧光明 普照於世 常勤憶念
菩薩施心 恒樂觀察如來境界 佛子 菩薩摩訶薩 以無縛無
着解脫心 布施妻子 所集善根 如是廻向 所謂願一切衆生
住佛菩提 起變化身 周遍法界 轉不退輪 願一切衆生 得無
着身 願力周行一切佛刹 願一切衆生 捨愛憎心 斷貪恚結
願一切衆生 爲諸佛子 隨佛所行

이와 같은 큰 서원으로 장엄하여 일체 지혜에 나아가 위 없는 지혜와 복밭을 이루기를 서원하고, 널리 중생을 생각하여 항상 따라 주며 수호하되 자신의 이익을 힘써 이루어 지혜의 광명으로 널리 세간을 비추며, 보살의 보시하는 마음을 항상 부지런히 생각하고, 여래의 경계를 관찰하기를 항상 좋아합니다.

불자들이여, 보살마하살이 얽힘이 없고 집착이 없는 해탈의 마음으로써 처자를 보시하여 모은 선근으로 이와 같이 회향하기를 '일체 중생이 부처님의 보리에 머물러 변화신을 일으켜 법계에 널리 두루 하여 물러남이 없는 법륜을 굴리기를 서원하고, 일체 중생이 집착이 없는 몸을 얻어 원력으로 일체 부처님세계에 두루 다니기를 서원하며, 일체 중생이 사랑하고 미워하는 마음을 버려 탐냄과 성냄의 묶임을 끊기를 서원하고, 일체 중생이 모두 불자가 되어 부처님의 행하신 바를 따르기를 서원하며,

願一切衆生 於諸佛所 生自己心 不可沮壞 願一切衆生 常
爲佛子 從法化生 願一切衆生 得究竟處 成就如來自在智
慧 願一切衆生 證佛菩提 永離煩惱 願一切衆生 能具演說
佛菩提道 常樂修行無上法施 願一切衆生 得正定心 不爲
一切諸緣所壞 願一切衆生 坐菩提樹 成最正覺 開示無量
從法化生諸善男女 是爲 菩薩摩訶薩 布施妻子 善根廻向
爲令衆生 皆悉證得無礙解脫無着智故

일체 중생이 모든 부처님 처소에서 스스로를 다스리는 마음을 내어 무너지지 않기를 서원하고, 일체 중생이 항상 불자가 되어 법으로부터 화생하기를 서원하며, 일체 중생이 구경처를 얻어 여래의 자재한 지혜를 성취하기를 서원하고, 일체 중생이 부처님의 보리를 증득하여 번뇌를 영원히 여의기를 서원하며, 일체 중생이 부처님의 보리도를 갖추어 널리 펴 설하여 항상 즐거이 위 없는 법보시를 닦아 행하기를 서원하고, 일체 중생이 바른 선정의 마음을 얻어 일체 모든 인연으로 무너지는 바가 없기를 서원하며, 일체 중생이 보리수에 앉아 최정각을 이루어서 한량없음을 열어 보이고 법으로부터 모든 선남자 선여인이 화생하기를 서원하나이다.'라고 합니다.

　이것을 보살마하살이 처자를 보시하는 선근으로 회향하는 것이라 하니, 중생들로 하여금 모두 걸림 없는 해탈과 집착이 없는 지혜를 증득하게 하려는 까닭입니다.

佛子 菩薩摩訶薩 莊嚴舍宅 及諸資具 隨有乞求 一切施與
行布施法 於家無着 遠離一切居家覺觀 厭惡家業資生之
具 不貪不味 心無繫着 知家易壞 心恒厭捨 都於其中 無
所愛樂 但欲出家 修菩薩行 以諸佛法 而自莊嚴 一切悉捨
心無中悔 常爲諸佛之所讚歎 舍宅財物 隨處所有 悉以惠
施 心無戀着 見有乞求 心生喜慶

불자들이여, 보살마하살이 장엄한 집과 모든 살림 도구를 구걸함을 따라서 보시하는 법을 행하여 일체를 보시하여 주되 집에 집착함이 없으니, 일체 집에서 사는 것을 각관*으로 멀리 여의어 가업과 생활에 필요한 도구를 싫어하여서 탐하지도 않고 맛들이지도 않아 마음에 얽매이거나 집착함이 없으며, 집이란 쉽게 무너지는 것인 줄을 알아 마음으로 항상 싫어하고 버려서 그 가운데 모두 좋아하거나 즐거워하는 바가 없습니다.

다만 출가하여 보살행을 닦아서 모든 불법으로 스스로를 장엄하고자 하며, 일체를 다 베풀되 마음이 도중에 후회함이 없어 항상 모든 부처님의 찬탄하시는 바가 되고, 집과 재물을 있는 대로 다 은혜롭게 보시하되 마음에 연연해 하거나 집착함이 없어 구걸하는 것을 보면 기뻐하며 경사스러운 마음을 냅니다.

菩薩 爾時 以此善根 如是廻向 所謂願一切衆生 捨離妻子
成就出家第一之樂 願一切衆生 解脫家縛 入於非家 諸佛
法中 修行梵行 願一切衆生 捨離慳垢 樂一切施 心無退轉
願一切衆生 永離家法 少欲知足 無所藏積 願一切衆生 出
世俗家 住如來家 願一切衆生 得無礙法 滅除一切障礙之
道 願一切衆生 離家屬愛 雖現居家 心無所着 願一切衆生
善能化誘 不離家法 說佛智慧

보살이 이때 이 선근으로써 이와 같이 회향하기를 '일 체 중생이 처자를 여의어 버리고 출가하여 제일의 즐 거움을 성취하기를 서원하고, 일체 중생이 집의 얽매 임에서 해탈하여 집이 아닌 곳에 들어가 모든 불법 가 운데에서 범행을 닦아 행하기를 서원하며, 일체 중생 이 인색함의 때를 여의어 버리고 일체를 보시하기를 좋 아하여 마음에 퇴전함이 없기를 서원하고, 일체 중생 이 집의 법도를 영원히 여의고 욕심없이 만족함을 알 아 감추거나 쌓아 두는 바가 없기를 서원하며, 일체 중 생이 세속의 집에서 벗어나 여래의 집에 머물기를 서 원하고, 일체 중생이 걸림 없는 법을 얻어 일체 장애되 는 도를 멸하여 없애기를 서원하며, 일체 중생이 집안 권속의 사랑을 여의며 비록 집에서 지내는 것을 나타내 지만 마음에 집착하는 바가 없기를 서원하고, 일체 중 생이 교화하고 인도하기를 잘하여 집이라는 법을 여의 지 않고도 부처님의 지혜를 설할 수 있기를 서원하며,

願一切衆生 身現在家 心常隨順佛智而住 願一切衆生 在
居家地 住於佛地 普令無量無邊衆生 發歡喜心 是爲菩薩
摩訶薩 布施舍宅時 善根廻向 爲令衆生 成就菩薩種種行
願神通智故 佛子 菩薩摩訶薩 布施種種園林臺榭遊戲快
樂莊嚴之處 作是念言 我當爲一切衆生 作好園林 我當爲
一切衆生 示現法樂 我當施一切衆生歡喜之意 我當示一切
衆生無邊喜樂

일체 중생이 몸은 지금 집에 있지만 마음은 항상 부처님의 지혜를 따라서 머물기를 서원하고, 일체 중생이 집에 사는 처지에 있으되 부처님의 지위에 머물러 널리 한량없고 끝없는 중생으로 하여금 환희하는 마음을 내게 하기를 서원하나이다.'라고 합니다.

이것을 보살마하살이 집을 보시할 때 선근으로 회향하는 것이라 하니, 중생들로 하여금 보살의 갖가지 서원행과 신통과 지혜를 성취하게 하려는 까닭입니다.

불자들이여, 보살마하살이 갖가지 원림과 누대와 유희와 쾌락으로 장엄된 처소를 보시할 때 이런 생각을 하기를 '내가 마땅히 일체 중생을 위하여 좋은 원림을 만들고, 내가 마땅히 일체 중생을 위하여 법의 즐거움을 나타내 보이며, 내가 마땅히 일체 중생을 위하여 환희로운 뜻을 보시하고, 내가 마땅히 일체 중생을 위하여 끝없는 기쁨과 즐거움을 보이며,

我當爲一切衆生 開淨法門 我當令一切衆生 發歡喜心 我
當令一切衆生 得佛菩提 我當令一切衆生 成滿大願 我當
於一切衆生 猶如慈父 我當令一切衆生 智慧觀察 我當施
一切衆生資生之具 我當於一切衆生 猶如慈母 生長一切善
根大願 佛子 菩薩摩訶薩 如是修行諸善根時 於惡衆生 不
生疲厭 亦不誤起棄捨之心

내가 마땅히 일체 중생을 위하여 청정한 법의 문을 열고, 내가 마땅히 일체 중생으로 하여금 환희의 마음을 발하게 하며, 내가 마땅히 일체 중생으로 하여금 부처님의 보리를 얻게 하고, 내가 마땅히 일체 중생으로 하여금 대원을 원만히 이루게 하며, 내가 마땅히 일체 중생에게 마치 자애로운 아버지와 같이 하고, 내가 마땅히 일체 중생으로 하여금 지혜로 관찰하게 하며, 내가 마땅히 일체 중생에게 생활에 필요한 도구를 보시하고, 내가 마땅히 일체 중생에게 마치 자애로운 어머니와 같이 하여 일체 선근과 대원을 자라게 하리라.'라고 합니다.

불자들이여, 보살마하살이 이와 같이 모든 선근을 닦아 행할 때에, 악한 중생에게 피로해 하거나 싫어함을 내지 않고 또한 실수로라도 버리려는 마음을 일으키지 않습니다.

設滿世間一切衆生 悉不知恩 菩薩 於彼 初無嫌恨 不生一
念求反報心 但欲滅其無量苦惱 於諸世間 心如虛空 無所
染着 普觀諸法眞實之相 發大誓願 滅衆生苦 永不厭捨大
乘志願 滅一切見 修諸菩薩平等行願 佛子 菩薩摩訶薩 如
是觀察已 攝諸善根 悉以廻向 所謂願一切衆生 念念滋生
無量善法 成就無上園林之心 願一切衆生 得不動法 見一
切佛 皆令歡喜

설사 세간에 가득한 일체 중생이 모두 은혜를 알지 못할지라도 보살은 저들에게 처음부터 미워하거나 원망함이 없고, 한 생각이라도 보답을 바라는 마음을 내지 않고 다만 그들의 한량없는 고뇌를 없애려 하며, 모든 세간에 대하여 마음이 허공과 같아서 물들거나 집착하는 바가 없어 널리 모든 법의 참답고 실다운 상을 관하고, 큰 서원을 발하여서 중생의 괴로움을 없애어 대승의 뜻과 원을 영원히 싫어하거나 버리지 않으며, 일체의 견해를 없애서 모든 보살의 평등한 서원행을 닦습니다.

불자들이여, 보살마하살이 이와 같이 관찰하고는 모든 선근을 거두어 다 회향하기를 '일체 중생이 생각마다 한량없이 착한 법을 일으켜 위 없는 원림의 마음을 성취하기를 서원하고, 일체 중생이 움직이지 않는 법을 얻어 일체 부처님을 뵙고 다 환희하기를 서원하며,

願一切衆生 樂法園苑 得諸佛刹園苑妙樂 願一切衆生 得
淨妙心 常見如來神足園林 願一切衆生 得佛戲樂 常善遊
戲智慧境界 願一切衆生 得遊戲樂 普詣佛刹道場衆會 願
一切衆生 成就菩薩解脫遊戲 盡未來劫 行菩薩行 心無疲
倦 願一切衆生 見一切佛 充滿法界 發廣大心 住佛園林
願一切衆生 悉能遍往一切佛刹 一一刹中 供養諸佛 願一
切衆生 得善欲心 清淨莊嚴一切佛刹

일체 중생이 법의 정원을 좋아하여 모든 부처님세계의 정원에서 묘한 즐거움을 얻기를 서원하고, 일체 중생이 깨끗하고 묘한 마음을 얻어 항상 여래 신족통의 원림을 보기를 서원하며, 일체 중생이 부처님의 유희의 즐거움을 얻어 항상 지혜의 경계에서 잘 유희하기를 서원하고, 일체 중생이 유희하는 즐거움을 얻어 부처님세계의 대중이 모인 도량에 널리 나아가기를 서원하며, 일체 중생이 보살의 해탈 유희를 성취하여 미래겁이 다하도록 보살행을 행하되 마음이 피로해 하거나 싫증냄이 없기를 서원하고, 일체 중생이 일체 부처님께서 법계에 가득하심을 보고 광대한 마음을 발하여 부처님의 원림에 머물기를 서원하며, 일체 중생이 모두 일체 부처님세계에 두루 가서 낱낱 세계 가운데의 모든 부처님께 공양 올리기를 서원하고, 일체 중생이 좋은 욕심을 얻어 일체 부처님세계를 청정하게 장엄하기를 서원하나이다.'라고 합니다.

是爲 菩薩摩訶薩 布施一切園林臺榭 善根廻向 爲令衆生
見一切佛遊戱 一切佛園林故 佛子 菩薩摩訶薩 作百千億
那由他無量無數廣大施會 一切淸淨 諸佛印可 終不損惱於
一衆生 普令衆生 遠離衆惡 淨三業道 成就智慧 開置無量
百千億那由他阿僧祇淸淨境界 積集無量百千億那由他阿僧
祇資生妙物 發甚難得菩提之心 行無限施 令諸衆生 住淸
淨道 初中後善 生淨信解

이것을 보살마하살이 일체 원림과 누대를 보시하는 선근으로 회향하는 것이라 하니, 중생들로 하여금 일체 부처님의 유희와 일체 부처님의 원림을 보게 하기 위한 까닭입니다.

불자들이여, 보살마하살이 백천억 나유타 수의 한량없고 셀 수 없는 광대한 보시의 모임을 만드니, 일체가 청정하여 모든 부처님께서 인가하시어 마침내 한 중생도 손해를 보거나 괴롭게 하지 않고, 널리 중생들로 하여금 온갖 악을 멀리 여의고 삼업의 도를 깨끗이 하여 지혜를 성취하게 하며, 한량없는 백천억 나유타 아승기 수의 청정한 경계를 열어 베풀고, 한량없는 백천억 나유타 아승기 수의 생활에 필요한 묘한 물건을 모으며, 심히 얻기 어려운 보리의 마음을 발하여 무한한 보시를 행하고, 모든 중생으로 하여금 청정한 도에 머물게 하여 처음도 중간도 나중도 선하여서 깨끗한 믿음의 지혜를 내게 하며,

隨百千億無量衆生心之所樂 悉令歡喜 以大慈悲 救護一切
承事供養三世諸佛 爲欲成就一切佛種 修行布施 心無中
悔 增長信根 成滿勝行 念念增進檀波羅蜜 菩薩 爾時 以
諸善根 如是廻向 所謂願一切衆生 發大乘心 悉得成就摩
訶衍施 願一切衆生 皆悉能行大會施 盡施 善施 最勝施
無上施 最無上施 無等等施 超諸世間施 一切諸佛所稱歎
施

백천억 한량없는 중생의 마음의 좋아하는 바를 따라 모두 환희하게 하고, 대자비로써 일체를 구제하고 보호하여 삼세 모든 부처님을 받들어 섬기고 공양 올리며, 일체 부처님의 종자를 성취하게 하고자 보시를 닦아 행하고, 마음이 도중에 후회함이 없어 믿는 근(根)을 더욱 더하며, 뛰어난 행을 원만히 이루어 생각마다 보시바라밀을 더하여 나아갑니다.

보살이 이때 모든 선근으로써 이와 같이 회향하기를 '일체 중생이 대승의 마음을 발하여 모두 마하연의 보시를 성취하기를 서원하고, 일체 중생이 크게 모여서 하는 보시와 다하는 보시와 착한 보시와 가장 뛰어난 보시와 위 없는 보시와 가장 위 없는 보시와 차별없는 가운데 차별한 보시와 모든 세간을 뛰어넘는 보시와 일체 모든 부처님께서 찬탄하시는 보시를 모두 행하기를 서원하며,

願一切衆生 作第一施主 於諸惡趣 勉濟衆生 皆令得入無
礙智道 修平等願 如實善根 得無差別 證自境智 願一切衆
生 安住寂靜諸禪定智 入不死道 究竟一切神通智慧 勇猛
精進 具足諸地 莊嚴佛法 到於彼岸 永不退轉 願一切衆生
設大施會 終不疲厭 給濟衆生 無有休息 究竟無上一切種
智 願一切衆生 恒勤種植一切善根 到於無量功德彼岸 願
一切衆生 常蒙諸佛之所稱歎 普爲世間 作大施主 功德具
足 充滿法界 遍照十方 施無上樂

일체 중생이 제일가는 시주가 되어 모든 악취에서 중생들을 힘써 구제하여 다 걸림 없는 지혜의 도에 들어가게 하며 평등한 서원과 실다운 선근을 닦아서 차별 없는 스스로의 경지를 증득하는 지혜를 얻기를 서원하고, 일체 중생이 열반인 모든 선정의 지혜에 편안히 머물러 죽지 않는 도에 들어가 일체 신통과 지혜를 구경에 이르르게 하며 용맹정진해서 모든 지위를 구족하고 불법을 장엄하여 피안에 이르러 영원히 퇴전하지 않기를 서원하며, 일체 중생이 크게 보시하는 모임을 베풀되 끝내 피로해 하거나 싫어하지 않고 중생들에게 베풀어 구제함에 휴식함이 없어 구경에는 위 없는 일체종지에 이르르기를 서원하고, 일체 중생이 항상 부지런히 일체 선근을 심어 한량없는 공덕으로 피안에 이르르기를 서원하며, 일체 중생이 항상 모든 부처님의 찬탄하심을 받아서 널리 세간을 위하여 큰 시주가 되어서 공덕을 구족하여 법계에 가득히 하고 시방을 두루 비추며 위 없는 즐거움을 보시하기를 서원하고,

願一切衆生 設大施會 廣集善根 等攝衆生 到於彼岸 願一切衆生 成最勝施 普令衆生 住第一乘 願一切衆生 爲應時施 永離非時 大施究竟 願一切衆生 成就善施 到佛丈夫大施彼岸 願一切衆生 究竟常行大莊嚴施 盡以一切諸佛爲師 悉皆親近 興大供養 願一切衆生 住清淨施 集等法界無量福德 到於彼岸 願一切衆生 於諸世間 爲大施主 誓度群品 住如來地

일체 중생이 큰 보시의 모임을 베풀어 선근을 널리 모으고 중생을 평등하게 거두어 피안에 이르르게 하기를 서원하며, 일체 중생이 가장 뛰어난 보시를 이루어 널리 중생들로 하여금 제1승(第一乘)*에 머물게 하기를 서원하고, 일체 중생이 때에 맞게 보시를 하나 때가 아니라는 것마저 영원히 여의어 구경까지 크게 보시하기를 서원하며, 일체 중생이 착한 보시를 성취하여 불장부*의 큰 보시로 피안에 이르르기를 서원하고, 일체 중생이 구경에 항상 크게 장엄하는 보시를 행하여 일체 모든 부처님을 다 스승으로 삼고 모두 친근하여 큰 공양을 일으키기를 서원하며, 일체 중생이 청정한 보시에 머물러 법계와 같은 한량없는 복덕을 모아 피안에 이르르기를 서원하고, 일체 중생이 모든 세간에서 큰 시주가 되어 반드시 중생을 제도하여 여래의 지위에 머물게 하기를 서원하나이다.'라고 합니다.

是爲 菩薩摩訶薩 設大施會 善根廻向 爲令衆生 行無上
施 究竟佛施 成就善施 不可壞施 供諸佛施 無恚恨施 救
衆生施 成一切智施 常見諸佛施 善精進施 成就一切菩薩
功德諸佛智慧廣大施故 佛子 菩薩摩訶薩 布施一切資生
之物 心無貪惜 不求果報 於世富樂 無所希望 離妄想心
善思惟法 爲欲利益一切衆生 審觀一切諸法實性

이것을 보살마하살이 크게 보시하는 모임을 베풀어 선근으로 회향하는 것이라 하니, 중생들로 하여금 위 없는 보시인 부처님의 구경보시와 선(善)을 성취하는 보시를 행하게 하는 것이어서 무너지지 않는 보시이고, 모든 부처님께 공양 올리는 보시이며, 성내거나 후회함이 없는 보시이고, 중생을 구제하는 보시이며, 일체 지혜를 이루는 보시이고, 모든 부처님을 항상 친견하는 보시이며, 잘 정진하는 보시이고, 일체 보살의 공덕과 모든 부처님의 지혜를 성취하는 광대한 보시인 까닭입니다.

불자들이여, 보살마하살이 생활에 필요한 일체 물건을 보시하되 탐내거나 아끼는 마음이 없고 과보를 구하지도 않으며 세간의 부귀와 즐거움을 바라는 바도 없으니, 망상의 마음을 여의고 법을 잘 사유하여 일체 중생을 이익 되게 하고자 일체 모든 법의 실다운 성품을 자세히 관합니다.

隨諸衆生 種種不同 所用所求 各各差別 成辦無量資生之
具 所有嚴飾 悉皆妙好 行無邊施 行一切施 盡內外施 行
此施時 增志樂力 獲大功德 成就心寶 常能守護一切衆生
皆令發生殊勝志願 初未曾有求反報心 所有善根 等三世佛
悉以圓滿一切種智 佛子 菩薩摩訶薩 以此布施所有善根
廻向衆生 願一切衆生 清淨調伏 願一切衆生 滅除煩惱 嚴
淨一切諸佛刹土

모든 중생이 갖가지로 같지 않아서 쓰는 바와 구하는 바가 각각 다름을 따라 생활에 필요한 한량없는 도구를 갖추어, 모두 아름다운 것으로 장엄하게 꾸미고 끝없는 보시를 행하며 일체의 것으로 보시를 행하여 안과 밖의 것을 모두 보시합니다.

이 보시를 행할 때에 뜻의 즐거운 힘을 더하여 큰 공덕을 얻어서 마음의 보배를 성취하고, 일체 중생을 항상 수호하여 모두 수승한 뜻의 서원을 발하게 하면서도 처음부터 한번도 보답을 바라는 마음이 없으며, 모든 선근이 삼세 부처님과 같아서 일체종지를 원만하게 합니다.

불자들이여, 보살마하살이 이 보시한 모든 선근으로 중생에게 회향하기를 '일체 중생이 청정하게 조복하기를 서원하고, 일체 중생이 번뇌를 멸하여 없애서 일체 모든 부처님세계를 청정하게 장엄하기를 서원하며,

願一切衆生 以清淨心 於一念中 周遍法界 願一切衆生 智
慧充滿虛空法界 願一切衆生 得一切智 普入三世 調伏衆
生 於一切時 常轉淸淨不退法輪 願一切衆生 具一切智 善
能示現神通方便 饒益衆生 願一切衆生 悉能悟入諸佛菩
提 盡未來劫 於十方界 常說正法 曾無休息 令諸衆生 普
得聞知 願一切衆生 於無量劫 修菩薩行 悉得圓滿 願一切
衆生 於一切世界 若染若淨 若小若大 若麤若細

일체 중생이 청정한 마음으로 온통인 생각 가운데 법계에 두루 하기를 서원하고, 일체 중생의 지혜가 허공 법계에 가득하기를 서원하며, 일체 중생이 일체 지혜를 얻어 삼세에 널리 들어가서 중생을 조복 시켜 일체 때에 청정하여 물러나지 않는 법륜을 굴리기를 서원하고, 일체 중생이 일체 지혜를 갖추어 신통과 방편을 잘 나타내 보여 중생들을 넉넉히 이익 되게 하기를 서원하며, 일체 중생이 모든 부처님의 보리에 깨달아 들어가 미래겁이 다하도록 시방세계에서 항상 정법을 설하되 일찍이 휴식함이 없으며 모든 중생으로 하여금 널리 듣고 알게 하기를 서원하고, 일체 중생이 한량없는 겁에 보살행을 닦아 다 원만함을 얻기를 서원하며, 일체 중생이 일체 세계의 더러움과 깨끗함, 작음과 큼, 거침과 섬세함,

若覆若仰 或一莊嚴 或種種莊嚴 所可演說 在世界數 諸世
界中 修菩薩行 靡不周遍 願一切衆生 於念念中 常作三世
一切佛事 敎化衆生 向一切智 佛子 菩薩摩訶薩 隨諸衆生
一切所須 以如是等阿僧祇物 而爲給施 爲令佛法 相續不
斷 大悲普救一切衆生 安住大慈 修菩薩行 於佛敎誨 終無
違犯 以巧方便 修行衆善 不斷一切諸佛種性 隨求悉與 而
無患厭 一切悉捨 未曾中悔 常勤廻向一切智道

뒤집힘과 우러름, 혹은 한 장엄 혹은 갖가지 장엄으로 널리 펴 설할 수 있는 세계 수만큼의 모든 세계 가운데에서 보살행을 닦아 두루 가득하지 않음이 없기를 서원하고, 일체 중생이 생각마다 항상 삼세의 일체 불사를 지으면서 중생들을 교화하여 일체 지혜에 향하기를 서원하나이다.'라고 합니다.

불자들이여, 보살마하살이 모든 중생의 일체 필요로 하는 바를 따라 이와 같은 등 아승기 수의 물건을 보시하여 줌으로써 불법이 계속되어 끊어지지 않게 하기 위함이니, 대비로 일체 중생을 널리 구제하고, 대자에 편안히 머물러 보살행을 닦으며, 부처님의 가르침을 끝내 어기거나 범하지 않고, 공교한 방편으로써 온갖 착함을 닦아 행하며, 일체 모든 부처님의 종자 성품을 끊이지 않게 하고, 구함을 따라 다 주되 근심하거나 싫어함이 없으며, 일체를 다 베풀면서도 한번도 도중에 후회하지 않고, 항상 일체 지혜의 도에 부지런히 회향합니다.

時 十方國土 種種形類 種種趣生 種種福田 皆來集會 至
菩薩所 種種求索 菩薩 見已 普皆攝受 心生歡喜 如見善
友 大悲哀愍 思滿其願 捨心增長 無有休息 亦不疲厭 隨
其所求 悉令滿足 離貧窮苦 時諸乞者 心大欣慶 轉更稱傳
讚揚其德 美聲遍布 悉來歸往 菩薩 見已 歡喜無量 假使
百千億那由他劫 受帝釋樂 無數劫 受夜摩天樂 無量劫

이때 시방 국토의 갖가지 형상과 갖가지 중생과 갖가지 복밭이 모두 모여 와서 보살의 처소에 이르러 갖가지를 요구합니다.

보살이 보고는 널리 다 거두어 받아들여, 마음에 환희함을 내어 착한 벗을 보는 것과 같이 하고, 대비로 불쌍하게 생각하여 그 원을 만족하게 하며, 베푸는 마음이 더욱 더하여 휴식함이 없고, 또한 피로해 하거나 싫어하지 않으며, 그 구하는 바를 따라 다 만족하게 하여 빈궁의 괴로움을 여의게 합니다.

이때에 모든 구걸하는 이가 마음으로 크게 기뻐하고 경사스럽게 여겨 더욱 더 명성을 전하고 그 덕을 찬탄하니 아름다운 소문이 멀리 퍼져서 모두 되돌아 옵니다.

보살이 보고는 한량없이 환희하니, 설사 백천억 나유타 수의 겁 동안에 제석의 즐거움을 받고, 무수 수의 겁 동안에 야마천의 즐거움을 받으며, 무량 수의 겁 동안에

受兜率陀天樂 無邊劫 受善變化天樂 無等劫 受他化自在
天樂 不可數劫 受梵王樂 不可稱劫 受轉輪王 王三千樂
不可思劫 受遍淨天樂 不可說劫 受淨居天樂 悉不能及 菩
薩摩訶薩 見乞者來 歡喜愛樂 欣慶踊躍 信心增長 志樂清
淨 諸根調順 信解成滿 乃至增進諸佛菩提

도솔타천의 즐거움을 받고, 무변 수의 겁 동안에 화락
천[善變化天]의 즐거움을 받으며, 무등 수의 겁 동안에
타화자재천의 즐거움을 받고, 불가수 수의 겁 동안에
범천왕의 즐거움을 받으며, 불가칭 수의 겁 동안에 전
륜왕이 삼천세계를 통치하는 즐거움을 받고, 불가사 수
의 겁 동안에 변정천*의 즐거움을 받으며, 불가설 수의
겁 동안에 정거천*의 즐거움을 받는 것으로도 다 미치
지 못합니다.

　보살마하살이 구걸하는 이가 오는 것을 보고는 환희
하여 좋아하고 즐거워하며, 뛸듯이 기뻐하여 경사스러
워하고, 믿는 마음이 더욱 더하여 뜻의 즐거움이 청정
하며, 모든 근이 조복되어 따르고, 믿어 아는 것이 원
만함을 이루며 또한 모든 부처님의 보리에 더 나아가게
합니다.

佛子 菩薩摩訶薩 以此善根 爲欲利益一切衆生故 廻向 爲
欲安樂一切衆生故 廻向 爲令一切衆生 得大義利故 廻向
爲令一切衆生 悉得淸淨故 廻向 爲令一切衆生 悉求菩提
故 廻向 爲令一切衆生 悉得平等故 廻向 爲令一切衆生
悉得賢善心故 廻向 爲令一切衆生 悉入摩訶衍故 廻向 爲
令一切衆生 悉得賢善智慧故 廻向 爲令一切衆生 悉具普
賢菩薩行願 滿十力乘 現成正覺故 廻向

불자들이여, 보살마하살이 이 선근으로써 일체 중생을 이익 되게 하기 위해 회향하고, 일체 중생을 편안하고 즐겁게 하기 위해 회향하며, 일체 중생으로 하여금 큰 뜻의 이로움을 얻게 하기 위해 회향하고, 일체 중생으로 하여금 모두 청정함을 얻게 하기 위해 회향하며, 일체 중생으로 하여금 모두 보리를 구하게 하기 위해 회향하고, 일체 중생으로 하여금 모두 평등을 얻게 하기 위해 회향하며, 일체 중생으로 하여금 모두 어질고 착한 마음을 얻게 하기 위해 회향하고, 일체 중생으로 하여금 모두 마하연에 들게 하기 위해 회향하며, 일체 중생으로 하여금 모두 어질고 착한 지혜를 얻게 하기 위해 회향하고, 일체 중생으로 하여금 보현보살의 서원행을 갖추고 십력의 법을 만족하여 지금 이대로가 정각이게 하기 위해 회향합니다.

佛子 菩薩摩訶薩 以諸善根 如是廻向時 身口意業 皆悉解
脫 無着無繫 無衆生想 無命者想 無補特伽羅想 無人想
無童子想 無生者想 無作者想 無受者想 無有想 無無想
無今世後世想 無死此生彼想 無常想 無無常想 無三有想
無無三有想 非想 非非想 如是非縛廻向 非縛解廻向 非業
廻向 非業報廻向

불자들이여, 보살마하살이 모든 선근으로써 이와 같이 회향할 때에 몸과 입과 뜻의 업에서 모두 다 해탈하여 집착이 없고 얽매임도 없으며, 중생이라는 생각도 없고, 목숨을 유지하는 이라는 생각도 없으며, 보특가라라는 생각도 없고, 사람이라는 생각도 없으며, 동자라는 생각도 없고, 태어나는 이라는 생각도 없으며, 짓는 이라는 생각도 없고, 받는 이라는 생각도 없으며, 있다는 생각도 없고, 없다는 생각도 없으며, 금세(今世)와 후세(後世)라는 생각도 없고, 여기서 죽어 저기에 난다는 생각도 없으며, 항상하다는 생각도 없고, 무상하다는 생각도 없으며, 삼유라는 생각도 없고, 삼유가 없다는 생각도 없으며, 생각도 아니고, 생각 아닌 것도 아닙니다.

이와 같이 묶임의 회향도 아니고 묶임을 푸는 회향도 아니며, 업의 회향도 아니고 업보의 회향도 아니며,

非分別廻向 非無分別廻向 非思廻向 非思已廻向 非心廻向
非無心廻向 佛子 菩薩摩訶薩 如是廻向時 不着內 不着外
不着能緣 不着所緣 不着因 不着果 不着法 不着非法 不着
思 不着非思 不着色 不着色生 不着色滅 不着受想行識 不
着受想行識生 不着受想行識滅

분별의 회향도 아니고 분별 없음의 회향도 아니며, 생각의 회향도 아니고 생각을 마치는 회향도 아니며, 마음의 회향도 아니고 무심(無心)의 회향도 아닙니다.

불자들이여, 보살마하살이 이와 같이 회향할 때에 안이라는 집착도 없고 밖이라는 집착도 없으며, 능연(能緣)*이라는 집착도 없고 소연(所緣)*이라는 집착도 없으며, 인이라는 집착도 없고 과라는 집착도 없으며, 법이라는 집착도 없고 법 아닌 것이라는 집착도 없으며, 생각이라는 집착도 없고 생각 아닌 것이라는 집착도 없으며, 색이라는 집착도 없고 색이 생긴다는 집착도 없으며 색이 멸한다는 집착도 없고, 수·상·행·식이라는 집착도 없으며 수·상·행·식이 생긴다는 집착도 없고 수·상·행·식이 멸한다는 집착도 없습니다.

佛子 菩薩摩訶薩 若能於此諸法 不着則不縛色 不縛色生
不縛色滅 不縛受想行識 不縛受想行識生 不縛受想行識
滅 若能於此諸法不縛 則亦於諸法不解 何以故 無有少法
若現生若已生若當生 無法可取 無法可着 一切諸法 自相如
是 無有自性 自性相離 非一非二 非多非無量 非小非大 非
狹非廣

불자들이여, 보살마하살이 만약 이 모든 법에 집착이 없으면, 색이라는 것에도 얽힘이 없고 색이 생긴다는 것에도 얽힘이 없으며 색이 멸한다는 것에도 얽힘이 없고, 수·상·행·식이라는 것에도 얽힘이 없으며 수·상·행·식이 생긴다는 것에도 얽힘이 없고 수·상·행·식이 멸한다는 것에도 얽힘이 없습니다.

만약 이 모든 법에 얽힘이 없으면 곧 또한 모든 법에는 푼다는 것마저도 없습니다.

무슨 까닭입니까? 지금 나거나 이미 났거나 앞으로 나게 될 조그마한 법마저 없으니, 법이라 해서 취할 것도 없고, 법이라 해서 집착할 것도 없습니다.

일체 모든 법은 스스로의 상이 이와 같아 스스로의 성품이라는 것도 없고 스스로의 성품이라는 상마저도 여의어서 한 가지도 아니요 두 가지도 아니며, 많은 것도 아니요 한량없는 것도 아니며, 작은 것도 아니요 큰 것도 아니며, 좁은 것도 아니요 넓은 것도 아니며,

非深非淺 非寂靜非戲論 非處非非處 非法非非法 非體非
非體 非有非非有 菩薩 如是觀察諸法 則爲非法 於言語中
隨世建立非法爲法 不斷諸業道 不捨菩薩行 求一切智 終
無退轉 了知一切 業緣如夢 音聲如響 衆生如影 諸法如幻
而亦不壞因緣業力 了知諸業 其用廣大 解一切法 皆無所
作 行無作道 未嘗暫癈

깊은 것도 아니요 얕은 것도 아니며, 고요한 것도 아니요 희론도 아니며, 곳도 아니요 곳 아닌 것도 아니며, 법도 아니요 법 아닌 것도 아니며, 자체도 아니요 자체가 아니라는 것마저도 아니어서 있는 것도 아니요 있지 않은 것도 아닙니다.

보살이 이와 같이 모든 법이 곧 법이 아님을 관찰하여 언어로써 세간을 따라 건립하면 법 아닌 것이 법이 되니, 모든 업의 도를 끊지 않고 보살행을 버리지 않으면서 일체 지혜를 구하여 끝내 퇴전함이 없습니다.

일체 업의 인연은 꿈과 같고 음성은 메아리와 같으며 중생은 그림자와 같고 모든 법은 요술 같음을 분명히 알되 또한 인연과 업의 힘을 무너뜨리지도 않으며, 모든 업의 작용의 광대함을 분명히 알아서 일체 법이 다 지을 바도 없는 줄을 알되 지음이 없는 도를 행함에 잠시도 그치지 않습니다.

佛子 此菩薩摩訶薩 住一切智 若處非處 普皆廻向一切智
性 於一切處 皆悉廻向 無有退轉 以何義故 說名廻向 永
度世間 至於彼岸 故名廻向 永出諸蘊 至於彼岸 故名廻向
度言語道 至於彼岸 故名廻向 離種種想 至於彼岸 故名廻
向 永斷身見 至於彼岸 故名廻向 永離依處 至於彼岸 故名
廻向 永絶所作 至於彼岸 故名廻向 永出諸有 至於彼岸 故
名廻向 永捨諸取 至於彼岸 故名廻向 永出世法 至於彼岸
故名廻向

불자들이여, 이 보살마하살이 일체 지혜에 머물러 처(處)와 비처(非處)에 일체 지혜의 성품으로 널리 다 회향하고, 일체 처에 모두 회향하여 퇴전함이 없습니다.

무슨 뜻으로 회향이라 이름합니까? 세간을 영원히 건너서 피안에 이르르므로 회향이라 이름하고, 모든 온(蘊)*에서 영원히 나와 피안에 이르르므로 회향이라 이름하며, 언어의 도를 건너서 피안에 이르르므로 회향이라 이름하고, 갖가지의 생각을 여의어서 피안에 이르르므로 회향이라 이름하며, 몸이라는 견해〔身見〕*를 영원히 끊어서 피안에 이르르므로 회향이라 이름하고, 의지할 곳을 영원히 여의어서 피안에 이르르므로 회향이라 이름하며, 짓는 바를 영원히 끊어서 피안에 이르르므로 회향이라 이름하고, 모든 유루의 세계에서 영원히 나와 피안에 이르르므로 회향이라 이름하며, 모든 취(取)*를 영원히 버리고 피안에 이르르므로 회향이라 이름하고, 세간 법에서 영원히 나와 피안에 이르르므로 회향이라 이름합니다.

佛子 菩薩摩訶薩 如是廻向時 則爲隨順佛住 隨順法住 隨順智住 隨順菩提住 隨順義住 隨順廻向住 隨順境界住 隨順行住 隨順眞實住 隨順淸淨住 佛子 菩薩摩訶薩 如是廻向 則爲了達一切諸法 則爲承事一切諸佛 無有一佛 而不承事 無有一法 而不供養 無有一法 而可滅壞 無有一法 而可乖違 無有一物 而可貪着 無有一法 而可厭離 不見內外一切諸法 有少滅壞 違因緣道 法力具足 無有休息

불자들이여, 보살마하살이 이와 같이 회향할 때에 곧 부처님을 수순하여 머물고, 법을 수순하여 머물며, 지혜를 수순하여 머물고, 보리를 수순하여 머물며, 이치를 수순하여 머물고, 회향을 수순하여 머물며, 경계를 수순하여 머물고, 행을 수순하여 머물며, 참답고 실다움을 수순하여 머물고, 청정함을 수순하여 머뭅니다.

불자들이여, 보살마하살이 이와 같이 회향하여 곧 일체 모든 법을 밝게 통달하고 곧 일체 모든 부처님을 받들어 섬기니, 한 부처님도 받들어 섬기지 않음이 없고, 한 법에도 공양 올리지 않음이 없으며, 한 법도 멸하여 무너뜨릴 것이 없고, 한 법도 어그러지거나 어길 것이 없으며, 한 물건도 탐하거나 집착할 것이 없고, 한 법도 싫어하거나 여읠 것이 없어서, 안과 밖의 일체 모든 법에 조금의 무너짐이나 인연의 도리를 어김도 보지 않아 법력을 구족하여 휴식함이 없습니다.

佛子 是爲 菩薩摩訶薩 第六隨順堅固一切善根廻向 菩薩
摩訶薩 住此廻向時 常爲諸佛之所護念 堅固不退 入深法
性 修一切智 隨順法義 隨順法性 隨順一切堅固善根 隨順
一切圓滿大願 具足隨順堅固之法 一切金剛 所不能壞 於
諸法中 而得自在

불자들이여, 이것을 보살마하살의 여섯째 견고한 일체 선근을 따르는 회향이라 합니다.

　보살마하살이 이 회향에 머무를 때에 항상 모든 부처님께서 호념하시는 바가 되어 견고하여 물러남이 없어서 법성에 깊이 들어가 일체 지혜를 닦으니, 법의 이치를 따르고, 법성을 따르며, 일체의 견고한 선근을 따르고, 일체의 원만한 대원을 따르며, 견고한 법을 따라 구족함이 일체의 금강으로도 무너뜨릴 수 없어 모든 법 가운데 자재함을 얻습니다."

爾時 金剛幢菩薩 觀察十方 觀察衆會 觀察法界已 入於字
句甚深之義 修習無量廣大之心 以大悲心 普覆世間 長去
來今佛種性心 入於一切諸佛功德 成就諸佛自在力身 觀諸
衆生心之所樂 隨其善根所可成熟 依法性身 爲現色身 承
佛神力 而說頌言

이때 금강당보살이 시방을 관찰하고 대중 모임을 관찰하며 법계를 관찰하고는 글귀의 심히 깊은 뜻에 들어가, 한량없고 광대한 마음을 닦아 익히고, 대비심으로써 세간을 두루 감싸며, 과거·미래·현재의 부처님 종자 성품의 마음을 기르고, 일체 모든 부처님의 공덕에 들어가서 모든 부처님의 자재하신 힘의 몸을 성취하며, 모든 중생의 마음의 즐거워하는 바를 관하고, 그 선근의 성숙함을 따라 법신을 의지하여 색신을 나타내어 부처님의 위신력을 받아서 게송으로 말하였다.

菩薩現身作國王
於世位中最無等
福德威光勝一切
普爲群萌興利益

其心清淨無染着
於世自在咸遵敬
弘宣正法以訓人
普使衆生獲安隱

現生貴族昇王位
常依正教轉法輪
稟性仁慈無毒虐
十方敬仰皆從化

보살이 몸을 나투어 국왕이 되어서
세간의 지위 가운데 더없이 같을 이 없고
복덕과 위엄과 광명, 일체가 뛰어나니
널리 중생들을 위해 이익 되게 하네

그 마음이 청정하여 물들거나 집착함이 없어서
세간에 자재하여 모두가 존경하고
정법을 널리 펴서 사람들을 가르치니
널리 중생들로 하여금 편안함을 얻게 하네

귀족으로 태어나 왕위에 올라
항상 바른 가르침을 의지해 법륜을 굴리고
품성이 인자하여 모질고 독함이 없으니
시방에서 우러러 존경하고 모두 교화를 따르네

智慧分別常明了
色相才能皆具足
臨馭率土靡不從
摧伏魔軍悉令盡

堅持淨戒無違犯
決志堪忍不動搖
永願蠲除忿恚心
常樂修行諸佛法

飮食香鬘及衣服
車騎床褥座與燈
菩薩悉以給濟人
幷及所餘無量種

지혜로 분별함이 항상 밝고 분명하며
모습과 재능을 다 구족하여
나라를 다스림에 따르지 않음이 없고
마군을 꺾고 조복시켜서 모두 남음이 없게 하네

청정한 계를 굳게 지켜 어기거나 범함이 없고
결연한 뜻으로 참고 견디어 동요하지 않으며
성내고 분한 마음을 영원히 없애 버리기를 서원하여
모든 불법을 항상 즐겁게 닦아 행하네

음식과 향과 화만과 의복과
수레와 말과 평상과 침구와 자리와 등불을
보살이 남에게 모두 베풀어 구제하고
아울러 그 밖의 한량없는 종류의 것까지 다 주네

爲利益故而行施
令其開發廣大心
於尊勝處及所餘
意皆淸淨生歡喜

菩薩一切皆周給
內外所有悉能捨
必使其心永淸淨
不令暫爾生狹劣

或施於頭或施眼
或施於手或施足
皮肉骨髓及餘物
一切皆捨心無恪

이익 되게 하기 위하여 보시를 행하고
그들로 하여금 광대한 마음을 널리 펴게 하니
높고 뛰어난 곳과 더불어 그 밖의 곳에서도
뜻이 다 청정하여 환희함을 내네

보살이 일체를 두루 베풀되
안과 밖에 있는 바를 모두 버리고
반드시 그 마음을 영원히 청정하게 하여
잠시도 편협함과 용렬함을 내지 않게 하네

혹은 머리를 보시하고 혹은 눈을 보시하며
혹은 손을 보시하고 혹은 발을 보시하며
피부와 살과 뼈와 골수와 나머지 것들까지
일체를 다 베풀더라도 마음에 아낌이 없네

菩薩身居大王位
種族豪貴人中尊
開口出舌施群生
其心歡喜無憂戀

以彼施舌諸功德
廻向一切諸眾生
普願藉此勝因緣
悉得如來廣長舌

或施妻子及王位
或施其身作僮僕
其心清淨常歡喜
如是一切無憂悔

보살의 몸이 대왕의 지위에 있어
종족이 뛰어나고 귀하여 사람 가운데 가장 높아도
중생에게 입을 열고 혀를 내어서 보시하되
그 마음이 환희하여 근심하거나 아쉬워하지 않네

저 혀를 보시한 모든 공덕으로써
일체 모든 중생에게 회향하고
널리 이 뛰어난 인연을 의지하여
모두 여래의 넓고 긴 혀를 얻기를 서원하네

혹은 처자와 왕위를 보시하고
혹은 그 몸을 보시하여 시종이 되어도
그 마음이 청정하여 항상 환희로워서
이와 같은 일체에 근심하거나 후회함이 없네

隨所樂求咸施與
應時給濟無疲厭
一切所有皆能散
諸來求者普滿足

爲聞法故施其身
修諸苦行求菩提
復爲衆生捨一切
求無上智不退轉

以於佛所聞正法
自捨其身充給侍
爲欲普救諸群生
發生無量歡喜心

좋아하고 구하는 바를 따라 다 보시하여 주며
때에 응하여 베풀어 구제함에 피로해 하거나 싫어함이 없고
일체 가진 바를 모두 나누어 주니
와서 구하는 모든 이가 두루 만족하네

법을 듣기 위해 그 몸을 보시하고
모든 고행을 닦아 보리를 구하며
다시 중생을 위해서 일체를 베풀되
위 없는 지혜를 구하여 퇴전하지 않네

부처님 처소에서 정법을 듣고
스스로 그 몸을 버려 시중들며
널리 모든 중생을 구제하기 위하여
한량없는 환희심을 일으키네

彼見世尊大導師
能以慈心廣饒益
是時踊躍生歡喜
聽受如來深法味

菩薩所有諸善根
悉以廻向諸衆生
普皆救護無有餘
永使解脫常安樂

菩薩所有諸眷屬
色相端嚴能辯慧
華鬘衣服及塗香
種種莊嚴皆具足

보살이 대도사이신 세존을 뵙고
자비심으로 널리 이익 되게 하심에
이 때 뛸 듯이 환희함을 내어서
여래의 깊은 법의 맛을 받아들이네

보살이 가진 모든 선근으로
모든 중생에게 다 회향하여서
남음이 없이 널리 모두 구제하고 보호하며
영원히 해탈하게 하여 항상 편안하고 즐겁게 하네

보살이 소유한 모든 권속이
모습이 단엄하고 지혜롭게 말을 잘하며
화만과 의복과 바르는 향과
갖가지 장엄을 모두 구족하네

此諸眷屬甚希有
菩薩一切皆能施
專求正覺度群生
如是之心無暫捨

菩薩如是諦思惟
備行種種廣大業
悉以廻向諸含識
而不生於取着心

菩薩捨彼大王位
及以國土諸城邑
宮殿樓閣與園林
僮僕侍衛皆無悋

이처럼 매우 희유한 모든 권속
일체를 보살이 모두 보시하고
오로지 바른 깨달음을 구하여 중생을 제도하니
이와 같은 마음을 잠시도 버리지 않네

보살이 이와 같이 자세히 사유하여
갖가지 광대한 업을 갖추어 행하여서
모든 중생에게 다 회향하되
취하거나 집착하는 마음을 내지 않네

보살이 저 대왕의 지위와
국토와 모든 성읍과
궁전과 누각과 원림과
시종과 호위까지도 다 보시하되 아낌이 없네

彼於無量百千劫
處處周行而施與
因以教導諸群生
悉使超昇無上岸

無量品類各差別
十方世界來萃止
菩薩見已心欣慶
隨其所乏令滿足

如三世佛所廻向
菩薩亦修如是業
調御人尊之所行
悉皆隨學到彼岸

보살이 한량없는 백천 겁 동안
곳곳마다 두루 다니면서 보시하여 주고
이로 인해 모든 중생을 가르치고 인도하여
모두로 하여금 위 없는 언덕에 오르게 하네

한량없이 각각 차별된 중생들이
시방의 세계로부터 와서 모이니
보살이 보고는 마음이 기뻐하며 경사스러워
그들의 부족한 바를 따라 만족하게 하네

삼세의 부처님들께서 회향하신 바와 같이
보살도 또한 이와 같은 업을 닦고
조어장부 천인사 세존께서 행하신 바를
모두 다 따라 배워서 피안에 이르르네

菩薩觀察一切法
誰爲能入此法者
云何爲入何所入
如是布施心無住

菩薩廻向善巧智
菩薩廻向方便法
菩薩廻向眞實義
於其法中無所着

心不分別一切業
亦不染着於業果
知菩提性從緣起
入深法界無違逆

보살이 일체의 법을 관찰하기를
'누가 이 법에 들어간 자이고
어떻게 들어가며 어느 곳으로 들어가는가'라고 하며
이와 같이 보시하여 마음에 머무름이 없네

보살이 공교한 지혜로 회향하고
보살이 방편법으로 회향하며
보살이 참답고 실다운 이치로 회향하나
그 법 가운데에도 집착함이 없네

마음이 일체의 업을 분별하지 않고
또한 업의 과보에 물들거나 집착하지 않으며
보리의 성품에서 인연을 따라 일어남을 알아서
깊은 법계에 들어가 어기거나 거슬림이 없네

不於身中而有業
亦不依止於心住
智慧了知無業性
以因緣故業不失

心不妄取過去法
亦不貪着未來事
不於現在有所住
了達三世悉空寂

菩薩已到色彼岸
受想行識亦如是
超出世間生死流
其心謙下常清淨

몸 가운데 업이란 것이 없고
또한 마음을 의지해 머무른 것도 없으니
업의 성품이 없음을 지혜로 밝게 알지만
인연으로 된 까닭에 업이 없는 것도 아니네

마음은 과거의 법을 망령되게 취하지 않고
미래의 일에도 탐착하지 않으며
현재에도 머물지 않아서
삼세가 다 공적함을 밝게 통달하였네

보살이 이미 색의 피안에 이르렀으니
수 · 상 · 행 · 식도 또한 이와 같아서
세간의 나고 죽는 흐름에서 초월하니
그 마음이 겸손하고 항상 청정하네

諦觀五蘊十八界
十二種處及己身
於此一一求菩提
體性畢竟不可得

不取諸法常住相
於斷滅相亦不着
法性非有亦非無
業理次第終無盡

不於諸法有所住
不見衆生及菩提
十方國土三世中
畢竟求之無可得

오온과 십팔계와
십이처와 자신의 몸을 자세히 관하여
이에 낱낱이 보리를 구하나
성품의 몸은 끝내 얻는 것이 아니네

모든 법이 항상 머물러 있다는 상을 취하지 않고
끊어져 멸했다는 상에도 또한 집착하지 않으며
법성이 있는 것도 아니고 없는 것도 아니지만
업의 이치에는 차제가 끝내 다함이 없네

모든 법에는 머무를 바가 없고
중생과 보리라는 견해마저 없어서
시방의 국토와 삼세 가운데
구해서는 마침내 얻을 것도 없다네

若能如是觀諸法
則如諸佛之所解
雖求其性不可得
菩薩所行亦不虛

菩薩了法從緣有
不違一切所行道
開示解說諸業跡
欲使衆生悉清淨

是爲智者所行道
一切如來之所說
隨順思惟入正義
自然覺悟成菩提

만약 이와 같이 모든 법을 관하면
곧 모든 부처님께서 깨달으신 바와 같으니
비록 그 성품은 구하여도 얻는 것이 아니지만
보살의 행하는 바 또한 헛되지 않네

보살이 법이란 것은 인연따라 있음을 알아
일체 행할 도를 어기지 않으며
모든 업의 자취를 풀어 설하고 열어 보여
중생들로 하여금 다 청정하게 하고자 하네

이것이 지혜 있는 이의 행하는 도이고
일체 여래께서 설하신 바이니
사유하고 수순하여 바른 이치에 들어가면
자연히 깨달아 보리를 이루네

諸法無生亦無滅
亦復無來無有去
不於此死而生彼
是人解悟諸佛法

了達諸法眞實性
而於法性無分別
知法無性無分別
此人善入諸佛智

法性遍在一切處
一切衆生及國土
三世悉在無有餘
亦無形相而可得

모든 법이 나는 것도 없고 또한 멸하는 것도 없으며
또한 다시 오는 것도 없고 가는 것도 없으며
여기서 죽고 저기에 나지 않으면
이는 모든 불법을 깨달아 아는 사람이네

모든 법의 참답고 실다운 성품을 밝게 통달하여
법성에는 분별이 없고
법에는 성품도 없고 분별도 없음을 알면
이는 모든 부처님의 지혜에 잘 들어간 사람이네

법성은 일체 곳에 두루 해서
일체 중생과 국토와
삼세에 남음이 없이 모두 있으나
또한 얻을 수 있는 형상은 없다네

一切諸佛所覺了
悉皆攝取無有餘
雖說三世一切法
如是等法悉非有

如諸法性遍一切
菩薩廻向亦復然
如是廻向諸衆生
常於世間無退轉

일체 모든 부처님의 깨달아 마치신 바를
남음이 없이 모두 다 거두어들이니
비록 삼세의 일체 법까지 설하나
이와 같은 등의 법은 모두 있는 것이 아니라네

모든 법성이 일체에 두루한 것과 같이
보살의 회향하는 것 또한 그러하여
이러-히 모든 중생에게 회향하되
항상 세간에서 퇴전함이 없네

대원선사 결문

대원선사 결문(決文)

문 : 경에서 보여주신 회향을 요약해서 보여주십시오.

답 : 온통 이보다 더한 회향이 어디에 있겠는가
　　이러-히
　　보고 들은 대로 전하게

∽ 미주

* 각관(覺觀) : 개괄적으로 사고하는 것[麤思]을 각(覺)이라고 하고, 분석적으로 세밀하게 관찰하는 것[細思]을 관(觀)이라고 한다.

* 능연(能緣) : 반연하는 마음. 곧 주관 작용을 말한다.

* 몸이라는 견해[身見] : 나라고 할 것이 없는 줄을 알지 못하고 내가 실로 있는 것이라고 집착하는 아견(我見) 또는 아소견(我所見)을 말한다. 다섯가지의 잘못된 견해인 5견의 하나이다.

* 변정천(遍淨天) : 색계의 제3선천에서 가장 높은 제3천을 말한다. 변정은 근심과 걱정이 없어 맑고 깨끗한 선열만 가득하다는 뜻이다.

* 불장부(佛丈夫) : 불성의 이치를 깨달은 이를 장부, 깨달아 수행함에 용맹정진하여 물러서지 않는 사람을 뜻한다.

* 소연(所緣) : 마음으로 인식하는 대상. 즉, 경계를 말한다.

* 아란야 처소[阿蘭若處] : 수행하기에 적당한 시끄럽지 않은 한적한 곳으로, 삼림·넓은 들·모래사장 등을 가리키는 말이다.

* 온(蘊) : 모아 쌓은 것. 상호의존적으로 모인 것이라는 뜻. 대개 오온을 말하며, 물질적 요소인 색과 정신적 요소인 수·상·행·식의 다섯 가지의 종류로 존재의 구성요소를 구별한 것을 말한다. ① 색온(色蘊) - 지수화풍의 작용으로 형체를 이

루어 외부 경계를 받아들이는 물질의 집합체. ②수온(受蘊) -
바깥 경계을 받아들임으로 인해 고(苦)·락(樂)·불고불락(不苦
不樂)으로 나뉘는 감정적인 정신적 작용의 집합체. ③ 상온(想
蘊) - 바깥 경계에 대한 다양한 관념을 형성하는 정신적 작용
의 집합체. ④ 행온(行蘊) - 바깥 경계로 인해 형성된 바를 조
작, 변천하려는 의지적인 정신적 작용의 집합체. ⑤ 식온(識蘊)
- 바깥 경계를 안·이·비·설·신·의로 분별하여 인식하는
정신적 작용의 집합체.

* 정거천(淨居天) : 색계의 제4선천에 속한 5정거천을 말한다. 욕
  계의 모든 번뇌를 끊어 사후에 세간으로 돌아오지 않는 불환과
  (不還果)를 증득한 성인이 거주하는 곳이다.

* 제1승(第一乘) : 대승의 다른 이름이다.

* 총지(總持) : 다라니의 번역이며, 산스크리트어 dhāraṇī의 음
  사이다. 한량없이 깊고 많은 뜻을 지니고 기억하여 잃지 않는
  다는 뜻이다. 십력의 하나로, 선법을 증장하고 악법을 억제하는
  데 능하여서 능지(能持), 능차(能遮)라고도 한다.

* 취(取) : 대하는 경계에 집착하는 것을 말한다.

불조정맥

불조정맥(佛祖正脈)

인 도

교조 석가모니불 (敎祖 釋迦牟尼佛)

1조 마하가섭 (摩訶迦葉)

2조 아난다 (阿難陀)

3조 상나화수 (商那和脩)

4조 우바국다 (優波鞠多)

5조 제다가 (堤多迦)

6조 미차가 (彌遮迦)

7조 바수밀 (婆須密)

8조 불타난제 (佛陀難堤)

9조 복타밀다 (伏馱密多)

10조 파율습박(협) (波栗濕縛, 脇)

11조 부나야사 (富那夜奢)

12조 아나보리(마명) (阿那菩堤, 馬鳴)

13조 가비마라 (迦毗摩羅)

14조 나가르주나(용수) (那閼羅樹那, 龍樹)

15조 가나제바 (迦那堤波)

16조 라후라타 (羅睺羅陀)

17조 승가난제 (僧伽難提)

18조 가야사다 (迦耶舍多)

19조 구마라다 (鳩摩羅多)

20조 사야다 (闍夜多)

21조 바수반두 (婆修盤頭)

22조 마노라 (摩拏羅)

23조 학륵나 (鶴勒那)

24조 사자보리 (師子菩堤)

25조 바사사다 (婆舍斯多)

26조 불여밀다 (不如密多)

27조 반야다라 (般若多羅)

28조 보리달마 (菩堤達磨)

🌸 중 국

29조 신광 혜가 (2 조 神光 慧可)

30조 감지 승찬 (3 조 鑑智 僧璨)

31조 대의 도신 (4 조 大醫 道信)

32조 대만 홍인 (5 조 大滿 弘忍)

33조 대감 혜능 (6 조 大鑑 慧能)

34조 남악 회양 (7 조 南嶽 懷讓)

35조 마조 도일 (8 조 馬祖 道一)

36조 백장 회해 (9 조 百丈 懷海)

37조 황벽 희운 (10조 黃檗 希雲)

38조 임제 의현 (11조 臨濟 義玄)

39조 흥화 존장 (12조 興化 存奬)

40조 남원 혜옹 (13조 南院 慧顒)

41조 풍혈 연소 (14조 風穴 延沼)

42조 수산 성념 (15조 首山 省念)

43조 분양 선소 (16조 汾陽 善昭)

44조 자명 초원 (17조 慈明 楚圓)

45조 양기 방회 (18조 楊岐 方會)

46조 백운 수단 (19조 白雲 守端)

47조 오조 법연 (20조 五祖 法演)

48조 원오 극근 (21조 圓悟 克勤)

49조 호구 소륭 (22조 虎丘 紹隆)

50조 응암 담화 (23조 應庵 曇華)

51조 밀암 함걸 (24조 密庵 咸傑)

52조 파암 조선 (25조 破庵 祖先)

53조 무준 사범 (26조 無準 師範)

54조 설암 혜랑 (27조 雪岩 慧郞)

55조 급암 종신 (28조 及庵 宗信)

56조 석옥 청공 (29조 石屋 淸珙)

🏵 한 국

57조 태고 보우 (1 조 太古 普愚)

58조 환암 혼수 (2 조 幻庵 混脩)

59조 구곡 각운 (3 조 龜谷 覺雲)

60조 벽계 정심 (4 조 碧溪 淨心)

61조 벽송 지엄 (5 조 碧松 智儼)

62조 부용 영관 (6 조 芙蓉 靈觀)

63조 청허 휴정 (7 조 淸虛 休靜)

64조 편양 언기 (8 조 鞭羊 彦機)

65조 풍담 의심 (9 조 楓潭 義諶)

66조 월담 설제 (10조 月潭 雪霽)

67조 환성 지안 (11조 喚醒 志安)

68조 호암 체정 (12조 虎巖 體淨)

69조 청봉 거안 (13조 靑峰 巨岸)

70조 율봉 청고 (14조 栗峰 靑杲)

71조 금허 법첨 (15조 錦虛 法沾)

72조 용암 혜언 (16조 龍巖 慧言)

73조 영월 봉율 (17조 詠月 奉律)

74조 만화 보선 (18조 萬化 普善)

75조 경허 성우 (19조 鏡虛 惺牛)

76조 만공 월면 (20조 滿空 月面)

77조 전강 영신 (21조 田岡 永信)

78대 대원 문재현 (22대 大圓 文載賢)

대원 문재현 선사님
인가 내력

대원 문재현 선사님 인가 내력

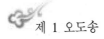
제 1 오도송

이 몸을 끄는 놈 이 무슨 물건인가?
골똘히 생각한 지 서너 해 되던 때에
쉬이하고 불어온 솔바람 한 소리에
홀연히 대장부의 큰 일을 마치었네

무엇이 하늘이고 무엇이 땅이런가
이 몸이 청정하여 이러-히 가없어라
안팎 중간 없는 데서 이러-히 응하니
취하고 버림이란 애당초 없다네

하루 온종일 시간이 다하도록
헤아리고 분별한 그 모든 생각들이

옛 부처 나기 전의 오묘한 소식임을
듣고서 의심 않고 믿을 이 누구인가!

此身運轉是何物
疑端汨沒三夏來
松頭吹風其一聲
忽然大事一時了

何謂靑天何謂地
當體淸淨無邊外
無內外中應如是
小分取捨全然無

一日於十有二時
悉皆思量之分別
古佛未生前消息
聞者卽信不疑誰

　대원 문재현 선사님의 스승이신 불조정맥 제77조 조계종(曹溪宗) 전강(田岡) 대선사님께서 1962년 대구 동화사의 조실로 계실 당시 대원 문재현 선사님께서도 동화사에 함께 머무르고 계셨다.
　하루는, 전강 대선사님께서 대원 선사님의 3연으로 되어 있는 제1오도송을 들어 깨달은 바는 분명하나 대개 오도송은 짧게 짓는다고 말씀하셨다. 이에 대원 선사님께서는 제1오도송을 읊은 뒤, 도솔암을 떠나 김제들을 지나다가 석양의 해와 달을 보고 문득 읊었던 제2오도송을 일러드렸다.

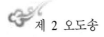 제 2 오도송

해는 서산 달은 동산 덩실하게 얹혀 있고
김제의 평야에는 가을빛이 가득하네
대천이란 이름자도 서지를 못하는데
석양의 마을길엔 사람들 오고 가네

日月兩嶺載同模
金提平野滿秋色
不立大千之名字
夕陽道路人去來

제2오도송을 들으신 전강 대선사님께서는 이에 그치지 않고 그와 같은 경지를 담은 게송을 이 자리에서 즉시 한 수 지어볼 수 있겠냐고 하셨다. 대원 선사님께서는 곧바로 다음과 같이 읊으셨다.

바위 위에는 솔바람이 있고

산 아래에는 황조가 날도다
대천도 흔적조차 없는데
달밤에 원숭이가 어지러이 우는구나

岩上在松風
山下飛黃鳥
大千無痕迹
月夜亂猿啼

　전강 대선사님께서는 위 송의 앞의 두 구를 들으실 때만 해도 지
그시 눈을 감고 계시다가 뒤의 두 구를 마저 채우자 문득 눈을 뜨
고 기뻐하는 빛이 역력하셨다.
　그러나 전강 대선사님께서는 여기에서도 그치지 않고 다시 한 번
물으셨다.
　"대중들이 자네를 산으로 불러내고 그중에 법성(향곡 스님 법제자
인 진제 스님. 동화사 선방에 있을 당시에 '법성'이라 불렸고, 나중에 '법
원'으로 개명하였다.)이 달마불식(達磨不識) 도리를 일러보라 했을 때
'드러났다'라고 답했다는데, 만약에 자네가 당시의 양무제였다면
'모르오'라고 이르고 있는 달마 대사에게 어떻게 했겠는가?"
　대원 선사님께서 답하셨다.
　"제가 양무제였다면 '성인이라 함도 서지 못하나 이러-히 짐의
덕화와 함께 어우러짐이 더욱 좋지 않겠습니까?' 하며 달마 대사의

손을 잡아 일으켰을 것입니다."

전강 대선사님께서 탄복하며 말씀하셨다.

"어느새 그 경지에 이르렀는가?"

"이르렀다곤들 어찌 하며, 갖추었다곤들 어찌 하며, 본래라곤들 어찌 하리까? 오직 이러-할 뿐인데 말입니다."

대원 선사님께서 연이어 말씀하시자 전강 대선사님께서 이에 환희하시니 두 분이 어우러진 자리가 백아가 종자기를 만난 듯, 고수 명창 어울리듯 화기애애하셨다.

달마불식 공안에 대한 위의 문답은 내력이 있는 것이다. 전강 대선사님께서 대원 선사님을 부르기 며칠 전에, 저녁 입선 시간 중에 노장님 몇 분만이 자리에 앉아있을 뿐 자리가 텅텅 비어 있었다고 한다.

대원 선사님께서 이상히 여기고 있던 중, 밖에서 한 젊은 수좌가 대원 선사님을 불렀다. 그 수좌의 말이 스님들이 모두 윗산에 모여 기다리고 있으니 가자고 하기에 무슨 일인가 하고 따라가셨다.

그러자 그 자리에 있던 법성 스님이 보자마자 달마불식 법문을 들고 이르라고 하기에 지체없이 답하셨다.

"드러났다."

곁에 계시던 송암 스님께서 또 안수정등 법문을 들고 물으셨다.

"여기서 어떻게 살아나겠소?"

대뜸 큰소리로 이르셨다.

"안 · 수 · 정 · 등."

이에 좌우에 모인 스님들이 함구무언(緘口無言)인지라 대원 선사님께서는 먼저 그 자리를 떠나 내려와 버리셨다.

그 다음날 입승인 명허 스님께서 아침 공양이 끝난 자리에서 지난 밤 입선시간 중에 무단으로 자리를 비운 까닭을 묻는 대중 공사를 붙여 산 중에서 있었던 일들이 낱낱이 드러나고 말았다. 그리하여 입선시간 중에 자리를 비운 스님들은 가사 장삼을 수하고 조실인 전강 대선사님께 참회의 절을 했던 일이 있었다.

전강 대선사님께서는 이때에 대원 선사님께서 달마불식 도리에 대해 일렀던 경지를 점검하셨던 것이다.

이런 철저한 검증의 자리가 있었던 다음 날, 전강 대선사님께서 부르시기에 대원 선사님께서 가보니 주지인 월산(月山) 스님께서 모든 것이 약조된 데에서 입회해 계셨으며 전강 대선사님께서는 곧바로 다음과 같이 전법게(傳法偈)를 전해주셨다.

 전 법 게

부처와 조사도 일찍이 전한 것이 아니거늘
나 또한 어찌 받았다 하며 준다 할 것인가
이 법이 2천년대에 이르러서
널리 천하 사람을 제도하리라

佛祖未曾傳
我亦何受授
此法二千年
廣度天下人

덧붙여 이 일은 월산 스님이 증인이며 2000년까지 세 사람 모두 절대 다른 사람이 알게 하거나 눈에 띄게 하지 않아야 한다고 당부하셨다.

만약 그러지 않을 시에는 대원 선사님께서 법을 펴 나가는데 장애가 있을 것이라고 예언하셨다. 또한 각별히 신변을 조심하라 하시고 월산 스님에게 명령해 대원 선사님을 동화사의 포교당인 보현사에 내려가 교화에 힘쓰게 하셨다.

대원 선사님께서 보현사로 떠나는 날, 전강 대선사님께서는 미리 적어두셨던 부송(付頌)을 주셨으니 다음과 같다.

 부 송

어상을 내리지 않고 이러-히 대한다 함이여
뒷날 돌아이가 구멍 없는 피리를 불리니
이로부터 불법이 천하에 가득하리라

不下御床對如是
後日石兒吹無孔
自此佛法滿天下

위의 송의 '어상을 내리지 않고 이러-히 대한다 함이여'라는 첫째 줄 역시 내력이 있는 구절이다.

전에 대원 선사님께서 전강 대선사님을 군산 은적사에서 모시고 계실 당시 마당에서 홀연히 마주쳤을 때 다음과 같은 문답이 있었다.

전강 대선사님께서 물으셨다.

"공적(空寂)의 영지(靈知)를 이르게."

대원 선사님께서 대답하셨다.

"이러-히 스님과 대담(對談)합니다."

"영지의 공적을 이르게."

"스님과의 대담에 이러-합니다."

"어떤 것이 이러-히 대담하는 경지인가?"

"명왕(明王)은 어상(御床)을 내리지 않고 천하 일에 밝습니다."

위와 같은 문답 중에 대원 선사님께서 답하신 경지를 부송의 첫째 줄에 담으신 것이다.

전강 대선사님께서 대원 선사님을 인가(印可)하신 과정을 볼 때 한 번, 두 번, 세 번을 확인하여 철저히 점검하신 명안종사의 안목에 탄복하지 않을 수 없으며 이에 끝까지 1초의 머뭇거림도 없이 명철하셨던 대원 선사님께 찬탄하지 않을 수 없다.

그리하여 법열로 어우러진 두 분의 자리가 재현된 듯 함께 환희 용약하지 않을 수 없다.

이제 전강 대선사님과 약속한 2천년대를 맞이하였으므로 여기에 전법게를 밝힌다.

이로써 경허, 만공, 전강 대선사님으로 내려온 근대 대선지식의 정법의 횃불이 이 시대에 이어져 전강 대선사님의 예언대로 불법이 천하에 가득할 것이다.

부록 3

21세기에
인류가 해야 할 일

21세기에 인류가 해야 할 일

이 사람은 1962년 26세 때부터 21세기에 인류에게 닥칠 공해문제, 에너지문제를 예견하고 대체에너지(무한원동기, 태양력, 파력, 풍력 등) 개발과 '울 안의 농법'을 연구하고 그 필요성을 많은 이들에게 이야기해 왔습니다.

당시에는 너무 시대를 앞서가는 이야기여서인지 일반인들이 수용하지 못하고 오히려 불신의 눈으로 바라보며 이 사람의 법마저 의심하였습니다. 하지만 현대에 있어서는 이것이 인류가 해결해야 할 가장 절박한 사안이 되어 있습니다.

'사막화방지 국제연대'를 설립한 것도 현재 인류가 해결해야 할 가장 절박한 지구환경문제를 이슈화시키고 그 해결책을 제시하여 재앙에 직면한 지구촌을 살리기 위해서입니다.

'사막화방지 국제연대'에서 추진하고 있는 사막화 방지, 지구 초원화, 대체에너지 개발은 온 인류가 발 벗고 나서서 해야 할 일입니다.

첫째 사막화 방지에 있어서 기존에 해왔던 '나무심기 사업'은 천문학적인 예산과 많은 인력을 동원하고도 극도로 황폐한 사막화된 환경을 되살리는 데 실패하였습니다.

그래서 이 사람은 사막화 방지에 있어서는 '사막 해수로 사업'을 새로운 방안으로 제시하였습니다.

사막 해수로 사업은 사막화된 지역에 수도관을 매설하여 바닷물을 끌어들여서 염분에 강한 식물을 중심으로 자연생태계를 복원하는 사업입니다.

이것은 나무심기 사업으로 심은 나무들이 절대적으로 물이 부족하여 생존할 수 없었던 문제를 해결할 수 있는, 현재로서는 유일한 해결책입니다.

그러나 '사막화방지 국제연대'의 목적은 사막이 확장되는 것을 방지하자는 것이지 사막 전체를 완전히 없애자는 것은 아닙니다. 인체에서 심장이 모든 피를 전신의 구석구석까지 골고루 보내어 살아서 활동하게 하듯이 사막은 오히려 지구의 심장 역할을 하는 중요한 곳이기 때문입니다.

그래서 21세기에 있어서는 다만 사막의 확장을 방지할 뿐 아니라 사막을 어떻게 운용하느냐를 연구해야 합니다.

사막에 바둑판처럼 사방이 막힌 플룸관 수로를 설치하여 동, 서, 남, 북 어느 방향의 수로를 얼마만큼 채우느냐 비우느냐에 따라, 사막으로부터 사방 어느 방향으로든 거리까지 조절하여, 원하는 지역에 비를 내리게 하고 그치게 할 수 있습니다. 철저히 과학적인 데이터에 의해 이렇게 사막을 운용함으로써 21세기의 지구를 풍요로운 낙원시대로 만들어가야 합니다.

둘째로 지구를 초원화할 수 있는 방안으로서 3년간의 실험을 통해, 광활한 황무지 지역을 큰 비용을 들이거나 많은 인력을 동원하지 않고도 짧은 시간 내에 초지로 바꿀 수 있는 식물을 찾아냈습니다.

그것은 바로 '돌나물'입니다. 돌나물은 따로 종자를 심을 필요가 없이 헬리콥터나 비행기로 살포해도 생존, 번식할 수 있으며, 추위와 더위, 황폐한 땅에서도 살아남을 수 있는 생명력과 번식력이 강한 식물입니다.

지구환경을 되살리는 초지조성 사업에 있어서 이것이 큰 도움이 되리라 생각합니다.

셋째의 대체에너지 개발에 있어서는 태양력, 파력, 풍력 등 1962년도부터 이 사람이 연구하고 얘기해왔던 방법들이 이미 많이 개발되어 실용화한 단계에 있습니다.

이 세 가지 일은 한 개인이나 한 국가가 할 수 있는 일이 아닙니다. 모든 국가가 앞장서서 전 세계적인 사업으로 이루어져야 합니다. 모든 국가가 함께 한 기금조성이 이루어져야 하고 기금조성에 참여한 국가는 이 시스템에 의한 전면적인 혜택을 입을 수 있도록 해야 합니다.

인류 모두가 지혜를 모아 이 일에 전력을 다한다면 인류는 유사 이래 가장 좋은 시절을 맞이하게 될 것이며, 만약 이 일을 남의 일인 양 외면한다면 극한의 재앙을 면할 수 없을 것입니다.

이 사람이 오래 전부터 얘기해왔던 '울 안의 농법'은 이미 미국 라스베이거스(Las Vegas)에서 30층짜리 '고층 빌딩 농장'으로 구현되었습니다. 그렇게 크게도 운영될 수 있지만 각자 자신의 집에서 이루어지는 '울 안의 농법'도 필요합니다.

21세기에 있어서 또 하나 인류가 만일의 사태를 대비해서 연구, 추진해야 될 일이 있다면 바닷속에서의 수중생활, 수중경작입니다.

지구가 심하게 온난화될 경우, 공기가 너무 많이 오염될 경우, 바닷물이 높아져 살 땅이 좁아질 경우 등에 대비할 때, 인류는 우주에서의 삶보다는 바닷속에서의 삶을 준비해야 합니다. 왜냐하면 그것이 훨씬 수월하고 비용도 절감할 수 있기 때문입니다.

이렇게 깨달은 이는 이변적으로는 깨달음을 얻게 하여 영생불멸의 삶을 영위할 수 있도록 만인을 이끌어야 하며 사변적으로는 일반인이 예측할 수 없는 백 년, 천 년 앞을 내다보아 이를 미리 앞서 대비하도록 만인의 삶을 이끌어줘야 한다고 생각합니다.

불법의 뜻은 다만 진리 전수에만 있는 것이 아니니, 만인이 서로 함께 영원한 극락을 누릴 때까지 물심양면으로, 이사일여로 베풀어 교화해야 하기 때문입니다.

가슴으로 부르는
불심의 노래

여기에 실린 것들은 모두 대원 문재현 선사님께서 직접 작사하신 곡들이다.

　수행의 길로 들어서게끔 신심, 발심을 북돋아주는 곡으로부터 수행의 길로 접어든 이의 구도의 몸부림이 담겨있는 곡, 대승의 원력을 발해서 교화하는 보살의 자비심과 함께 낙원 세계를 누리는 풍류를 그려놓은 곡까지 가사 한마디, 한마디가 생생하여 그 뜻이 뼛속 깊이 새겨지고 그 멋에 흠뻑 취하게 된다.

　대원 문재현 선사님께서는 거칠고 말초적인 요즘의 노래를 듣고 이러한 정서를 순화시키고자, 또한 수행의 마음을 진작시키고자 하는 뜻에서 이 곡들을 작사하셨다.

🪷 가슴으로 부르는 불심의 노래 - 악보 목록

🪷 기타 노래 목록

서원가

작사 문재현
작곡 배신영
노래 홍노경

느리게

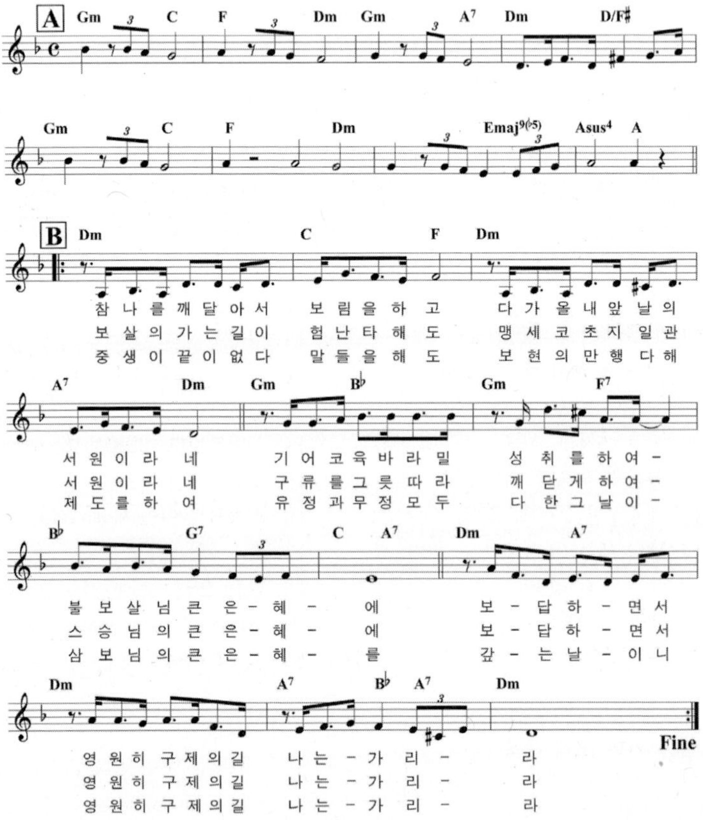

반조 염불가

작사 문재현
작곡 배신영
노래 홍노경

느리게

소중한 삶

작사 문재현
작곡 배신영
노래 홍노경

(모데라토) ♩ = 100

소중
한   나날들을   아끼면서   사랑으로   베풀
은   영원하고   행복 한삶   회복하려   노력

며   사노라 면   삶이란 고해만 은-   아니리 라
하는 길-이 니   우리의 삶 앞날 은-   밝으리 라

고운시선-   고운말로-   어 올-   려-
좋은마음-   좋은말로-   감 싸-   주고-

격려하며-   힘든삶-   극-복 하 면
삶-속에-   불법을-   실-천 하 면

좋은업-   좋은날-   약속이아니던 가
영원하고-   행복한삶-   약속이아니던 가

Fine

석가모니불

작사 문재현
작곡 배신영
노래 홍노경

국악가요

석 가 모 니 불 -
석 가 모 니 불 -

거룩한- 석가모니불- 하늘땅에- 유일한- 님- 이기에 우러
거룩한- 석가모니불- 하늘땅에- 유일한- 님- 이기에 우러

러 간절 하게- 기도하- 면 내 소원이루어 지지요- 탐-욕
러 가르 침을- 따른다- 면 언제나행복하 지 요- 선-법

을- 보시로 다스려서 행-하고 진- 심-을- 인
을- 깨달아 생활화를 함으로써 이- 세상- 이

욕으로-실천하면우- 리 바-라 는 그 세-상- 활짝-열리네- 불-법의
대로를-낙원으로님- 이 바-라신 그 소-원- 꽃을-피우리- 불-법의

진리깨달으면- 함 없-는- 함-으로- 님의은혜 갚으-
진리깨달으면- 함 없-는- 함-으로- 님의은혜 갚으-

리 석가-모-니-불- 우리 부처- 님- Fine
리 석가-모-니-불- 우리 부처- 님-

맹서의 노래

작사 문재현
작곡 배신영
노래 홍노경

느리게

염원의 노래

작사 문재현
작곡 배신영
노래 홍노경

느리게

부록4 - 가슴으로 부르는 불심의 노래   197

음성공양

작사 문재현
작곡 배신영
노래 홍노경

느리게

발심가

작사 문재현
작곡 배신영
노래 홍노경

보사노바

우 - 리 네 한 세 상 - 보 람 찬 삶 - 으 로 -
참 - 나 를 깨 달 아 - 보 림 을 하 - 고 요 -
본 - 연 한 몸 의 - 능 력 을 베 - 풀 어 -
눈 - 깜 박 하 는 새 - 한 세 상 다 - 가 고 -

바 꾸 기 위 - 하 여 - 닦 아 들 봅 - 시 다 -
자 비 심 발 - 하 여 - 구 제 길 나 - 서 서 -
극 - 락 세 계 - 장 엄 을 하 - 구 요 -
부 귀 와 공 - 명 은 - 잠 시 의 꿈 - 이 라 -

청 춘 - 홍 안 이 - 얼 마 나 길 - 던 가 -
중 생 들 세 계 에 - 고 통 을 없 - 애 어 -
둥 실 - 두 둥 실 - 누 리 기 위 - 하 여 -
이 러 한 되 풀 이 - 금 생 에 끝 - 내 어 -

꿈 꾸 는 사 - 이 에 - 백 발 이 된 - 다 네 -
극 락 이 되 - 도 록 - 최 선 을 다 - 하 세 -
오 늘 의 어 - 려 움 - 극 복 을 해 - 내 세 -
윤 회 의 사 슬 에 서 - 벗 어 나 납 - 시 다 -

1-2절 D.C

3-4절

자비의 품

작사 문재현
작곡 배신영
노래 홍노경

느리게

자 대비보살 의 사 랑 알지못 하고-
자 대비보살 의 사 랑 자비의 품을-

외면한 저중생 들을- 그래도가- 없어-
떠나간 저중생 들을- 저리도애- 타게-

잊-지못하는 그 진한- 마음 모른
부르고부르 는 절절한- 마음 새기

체 하고-업따라 갈수가있- 나- 아- 아 하늘땅
고 새기면-업따라 갈수가있- 나- 아- 아 하늘땅

사 이- 다시 또 없는 자비의 품에- 어서돌아 와
사 이- 다시 또 없는 자비의 품에- 어서돌아 와

감 로 수 에 소- 원 이 루- 라- 라- Fine
감 로 수 에 소- 원 이 루- 라- 라-

부처님 은혜 1

보살의 은혜

작사 문재현
작곡 배신영
노래 홍노경

느리게

파도에 실려 떠가는 낙엽같이 살아가는 인생-
구원코자- 따라주며 같이하는 자- 비인데-

제안경에 보인대로 말들-하-지-만-
눈이멀고 귀가먹은 저들-이-지-만-

못들은척- 모르는척 최-선- 다하- 리
황소처럼-지장처럼 최-선- 다하- 리

바-른눈 바른맘 통쾌-히 열어라-
지-혜눈 지혜맘 통쾌-히 열어라-

아- 아 아-아 그- 날- 이
아- 아 아-아 그- 날- 이

그- 날이 오기만을 기다리는 마-음-
그- 날이 오기만을 기다리는 마-음-

이 생에 해야 할 일

작사 문재현
작곡 배신영
노래 홍노경

세 상 사 람 날 찾 는 일 등 한 하 지 — 만 생 각 들
번 갯 불 이 스 쳐 가 듯 가 는 한 세 — 상 맘 닦 아

해 보 구 려 그 러 할 일 이 던 가 번 갯 불 — 스 쳐 가 듯 —
긴 미 래 를 내 마 음 내 뜻 대 로 대 천 세 계 여 저 기 서 —

아 — 아 무 상 한 한 세 — 상
아 — 아 풍 류 를 누 리 — 며

— 맘 닦 — 아 내 낙 원 을 —
끝 없 — 는 구 제 의 길 —

내 이 뤄 누 리 는 일 아 — 아 우 리 모 —
자 비 로 실 천 할 일 아 — 아 우 리 모 —

두 해 야 할 일 이 일 뿐 일 세 해 야 할 일 이 일 뿐 일
두 해 야 할 일 이 일 뿐 일 세 해 야 할 일 이 일 뿐 일

세 —
세 —

DS. all play

구도의 목표

작사 문재현
작곡 배신영
노래 홍노경

느리게

님은 아시리

작사 문재현
작곡 배신영
노래 홍노경

사 계 절 의 - 풍 광 인 들 - 위 로 - 되 - 겠 - 니
같 이 - 되 지 않 아 - 기 도 - 에 - 젖 은

- 서 사 시 의 - 음 률 인 들 - 쉬 - 어 지 - 겠 - 니 - 뜻 과
이

마 음 - 님 - 은 - 아 - 시 - 리 - 한 세 상 열
청 춘 의 모

정 쏟 - 아 닦 는 수 행 길 - 불 보 살 님 출 현 하 셔 베
든 욕 - 망 사 뤄 버 리 고 - 회 광 반 조 촌 각 아 낀 열

푼 자 - 비 에 - 모 든 망 상 - 모 - 든 번
정 쏟 - 아 서 - 이 룬 선 정 - 그 효 력

뇌 없 었 으 면 좋 으 련 만 마 음 대 로 - 안 되 는 게 - 수 행 이 더
이 있 었 으 면 좋 으 련 만 마 음 대 로 - 안 되 는 게 - 보 림 이 더

D.S. al Coda

라 수 행 이 더 라 - 마 음 대 로 - 안 되 는 게 - 수 행 이 더 라 수 행 이 더 라 -
라 보 림 이 더 라 -

Fine

부처님 은혜 2

작사 문재현
작곡 배신영
노래 홍노경

느리게

낙엽이지고국향-이 질 을땐- 부처 님의고고한- 말씀 법계화되 고

대승보살 나투어-그릇 따라- 베푼 법문에 만난 사- 람-

모두가 깨쳐 두타보림- 수행을하 여 있는그곳- 극락 이어서-

걸음걸 음 상쾌한 가 슴- 입가에 미- 소

언제나 번- 지- 는 대자유삶누릴지어- 다- 고맙

습 니다- 참- 고맙습니 다 촌각인들 부처님은 혜

그어찌 한들- 잊을 날있으 리 붉은갚는그날- 까지 는 서원

향 해- 뛸- 것- 입니다- 서원향해 다할것입니 - 다-

Fine

성중성인 오셨네

(초파일노래)

작사 문재현
작곡 배신영
노래 홍노경

음력 사월 초 - 파일은 - 온 누리의 제 - 일이신 - 성중
음력 사월 초 - 파일은 - 온 누리의 제 - 일이신 - 성중

성인 - 부 - 처 님이 - 이 땅 위에 오 - 신 날 - 괴로
성인 - 부 - 처 님이 - 이 땅 위에 오 - 신 날 - 너를

움을 낙원으로 - 어두움을 - 광명으 - 로 바꾸
알란 그가르 - 침 - 펼치려고 - 오심이 - 니 자아

러 - 는 숙 - 원 - 을 시작하 신 날 - 너나 없 이 모두
완 - 성이 룩 - 해 우리이 땅 - 이 대로 를 낙원

함 께 - 경 축하 세 모두 함 께경축하 - 세 - 모두
으로 - 누려보 세 낙원 으로누려보 - 세 -

함 께 경 축하 - 세 -

내 문제는 내가 풀자 1

작사 문재현
작곡 배신영
노래 홍노경

조금빠르게

가사:

A
나의

B
문제 그 뒤라서 풀어 주 – 랴 내
없는 이 보 고 인 자 신 에 – 서 사

일은 – 내가 풀 어 야 지 누
고 와 – 명 상 깊 이 다 해 깨

구 에 게 빌 지 를 말 – 자 지
달 아 서 누 리 며 살 – 자 지

금 이 어 느 때 인 데 허공 향 해 구 걸 하 라 –
금 의 때 에 맞 는 삶 모 두 함 께 웃 고 사 세 –

다 함 D.S

Fine

즐거운 밤

작사 문재현
작곡 배신영
노래 홍노경

Trot Disco ♩ = 145

A

산 사의 - 연-등불빛- 아롱다롱- 한들한들-

그윽한 울림속의- 모두가 정-성-

B

맘모은 축하속꿈실은 - 발원의 미소를지으며

즐겁게노래하면 - 아롱다롱 연등불도 흥겨웁고- 자비

한 여래품의 포근한 이한밤

을 석가모니불- 석가모니불- 나-

무 석-가-모니- 불-

Fine

관음가

작사 문재현
작곡 배신영
노래 홍노경

꽃을 보아도 먼 산을 보아도 그리움 그리움이 - 더해 -
진 관 세 음 관 세 음 은 -
포 근 한 아 아 품 이 랍 니 다
기쁠 때에 도 어 려울 때에도 자애
로 다 가 오 셔 - 서 힘 이 되 -
신 관 - 세음 관세음은 - 포근한 - 품 - 이랍니
- 다 -

Fine

부처님

작사 문재현
작곡 배신영
노래 채연희

Slow GoGo ♩ = 80

이 슬방울 의 아 침햇빛보다 -
영 롱한 님이 시 고 - 금 구슬에- 반 짝이는-
빛 보 다 아 름 다운님이 시 며 -
보 석의 찬란한 빛 보 다 눈 부 신 님이시기 에 생 각
만 하여도 설레이 고 이 름 만 들어도 행 복 한 님
영 원 한 우 리 들 의 님 이 십 - 니 - 다

열반재일

작사 문재현
작곡 배신영
노래 채연희

성도재일

작사 문재현
작곡 배신영
노래 채연희

Slow GoGo ♩ = 78

찬양합니다　찬양합니다　도이루심찬양합니　다
맹세합니다　맹세합니다　부처님의뒤를이어　서

이세상에　그어떤 -　일인들이보다　기쁘고거룩한일
생사고통　영원히 -　면하게이끄신　봉화의바른불빛

있 - 으 - 리　그옛날의　오늘이룬
지 - 혜 - 로　어둔그늘　모두밝혀

부처님의　광명지혜　없었다 - 면
부처님의　세상으로　바꿔놓 - 는

중생들 - 이　생사고통　면할길을
그일에 - 서　제일가는　모습보여

감히어찌　알았으리　감사합니다
부처님의　은혜갚음　지켜보소서

감　사　합　니　다
지　켜　보　소　서

석굴암의 노래

작사 문재현
작곡 배신영
노래 채연희

님의모습

작사 문재현
작곡 배신영
노래 채연회

Slow Waltz ♩ = 82

합 장 속 의 봉 - 화 처 럼
대 자 비 의 육 - 신 통 을
님 의 모 습 그 - 위 력 에

나 타 나 신 튼 모 - 습 음
갖 춰 나 신 튼 모 - 습 음
보 림 이 튼 마 - 마

사 색 속 의 태 - 양 처 럼
우 리 들 의 온 - 갖 소 원
님 의 모 습 나 - 튼 찰 나

나 타 나 신 - 모 - 습
이 뤄 주 신 - 모 - 습
둘 이 아 닌 - 마 - 음

아 - 아 - 미 소 속 - 의
아 - 아 - 백 천 삼 - 의 매
아 - 아 - 님 의 모 - 습

무 지 개 를　　　　　　　　타 － 고　　나 － 룬 － 모 －
나 에 게 서　　　　　　　　깨 － 워　　주 － 신 － 모 －
그 대 로 가　　　　　　　　유 － 마　　묵 － 연 － 마 －

습
습
음

Fine

믿고 따르세

작사 문재현
작곡 배신영
노래 채연희

Dsico (double beat) ♩= 136

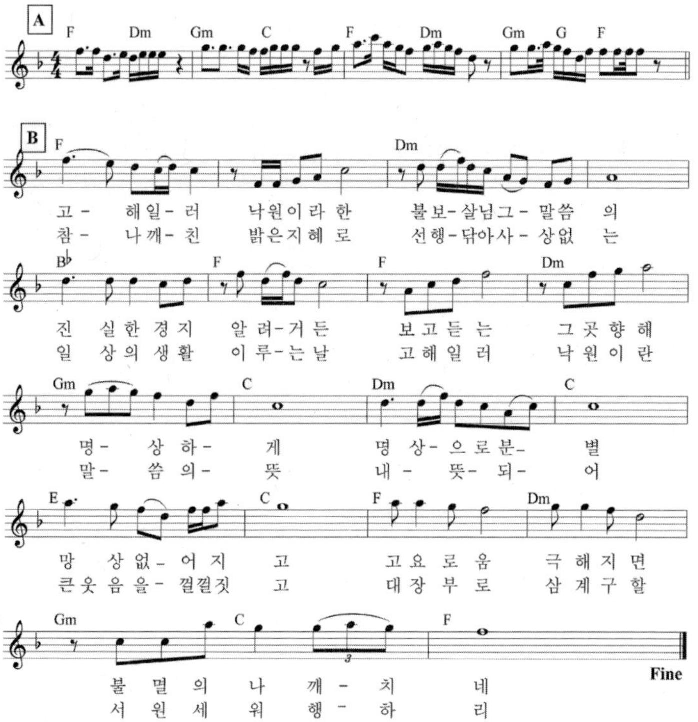

신명을 다하리

작사 문재현
작곡 배신영
노래 채연희

부처님께 바치는 마음

작사 문재현
작곡 배신영
노래 채연희

감사합니다

작사 문재현
작곡 배신영
노래 채연희

교화가

작사 문재현
작곡 배신영
노래 채연희

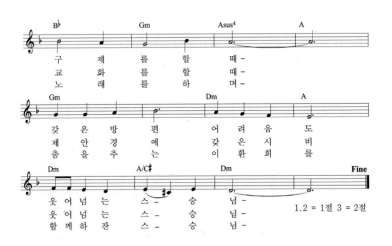

구 제 를 할 때 -
교 화 를 할 때 -
노 래 를 하 며 -

갖 은 방 편 어 려 움 도
제 안 경 에 갖 은 시 비
춤 을 추 는 이 환 희 를

웃 어 넘 는 스 - 승 님 -
웃 어 넘 는 스 - 승 님 -
함 께 하 잔 스 - 승 님 -

1.2 = 1절 3 = 2절

섬진강 소초

작사 문제현
작곡 배신영
노래 채연희

광 양 - 포 구 팔 십 - 리의 거 룻 배에 몸을 실 고
하 동 - 포 구 팔 십 - 리에 거 룻 배를 띄워놓 고

석 양 노 을 고 운 빛 에 물 새 도 맘 읽 누 나
노 을 들 어 법 문 하 니 어 우 러 진 웃 음 이 네

광 양 하 동 어 우 름 의 한 결 같 은 섬 진 강 은
이 위 력 이 세 상 그 늘 모 두 거 둬 열 린 세 상

머 언 머 언 그 날 에 도 오 늘 처 럼 - 흐 르 리 라
평 등 낙 원 누 림 으 로 노 래 하 며 - 살 게 되 리

우 리 도 저 런 맘 길 이 지 녀 누 리 며 사 세
그 날 을 위 한 삶 모 두 함 께 노 력 해 사 세

Fine

권수가 1

작사 문재현
작곡 배신영
노래 채연희

Bounce ♩ = 120

아니아니- 닦지 는 못하리라 -   일 분과 일 각 도 -
아니아니- 닦지 는 못하리라 -   한송이 떨어진 꽃을 낙화 진 다 고

허- 송하지말게 눈- 감 아 -   뜨는 사이 백- 발- 과 주 름 일 세 -
서러워마라 한번 피- 었 다 -   꽃이지듯 우리저렇듯 지 고 마 는 -

어 서 수행을 하 여 영 원 한   참나를 알고 사 -   세 -
슬 픈 날이 흘러 흘- 러   흘러만 가 니 어 이 하   리 -

이 것 이것 이 것 이 뭐 꼬   뭐꼬 라고 한 -   이것 이 뭐
차 착각- 저 초침소 리   검은 옷으로 -   다 가 오

꼬 -   보 일 듯 이 아 니 보 이 고
는 -   저 승 의 사 자 소 - 리

이룰듯하다가 놓쳤으니 - 하루하루가 태산만같게
어찌아 니 슬플쏜가 - 숙 - 명적인 인과라해도

커져만 - 가는게 의심일세 - 얼 씨구나 좋 다 -
극복해 - 넘기에 어려웁네 - 얼 씨구나 좋 다 -

지 화 자 좋 네 - 아니닦지는 -코러스-
지 화 자 좋 네 - 아니닦지는

못 - 하 리 라 -
못 - 하 리 라 -

Fine

권수가 2

작사 문재현
작곡 배신영
노래 채연희

Bounce ♩ = 120

아니아니 - 닦지 는 못하리라 - 적적요요달밝은 - 밤 에 -
아니아니 - 닦지 는 못하리라 - 어지러운번 뇌 망 - 상 -

단정히 눈을감 은 깊은삼 매 - 대상없는낙에취 해 짓는미소 -
털 - 고 이룬보리마음모 든 속박 - 다떨치고호연지기를 누 리는데 -

한산습득이 즐겨누리 는 그낙이아니 던 - 가 -
송 죽 바람 솔솔향 기 그윽하고 - 그윽하 네 -

모 두들 - 저런낙을 - 누리려거 든 - 닦 고 닦
산 새도 - 노래하니 - 너 도좋고 - 나 도 좋

소 - 삼 세모 든불보살 님 도
다 - 삼 세제불무현금 - 에

226 화엄경 28권

두타의 수행을 인내로써 하루하루를 수행해 왔던
역 - 대조 - 사 무공적의 명 - 월 삼 경 이 좋은 밤 을

결실로 - 얻어진 과위라네 얼 씨구 나 좋 다
두둥실 - 두둥실 즐겨보세 얼 씨구 나 좋 다

지 화 자 좋 네 아 니 닦 지 는 - 코 러 스 -
지 화 자 좋 네 아 니 닦 지 는

못 - 하 리 - 라 Fine
못 - 하 리 - 라

우란분재일

작사 문재현
작곡 배신영
노래 채연희

고맙습니다

믿음으로 여는 세상

작사 문재현
작곡 배신영
노래 채연희

Slow ♩ = 76

우리들모두가　부처님의지혜 -　활짝열린가슴으로　써
우리들모두가　참선을할때는 -　모두비워명경지수　로

다같이도와서 -　살아들간 - 다면　훈풍같은앞날이리　라
참나를관조해 -　실경에사 - 무쳐　깨달아서활짝웃는　날

아 - 즐 - 겁게　즐겁게마 - 음을　다스려참모습을　이루노라 면
아 - 즐 - 겁게　즐겁게법 - 담을　함으로꽃피울걸　맹세를하 고

정 - 토의세상이　우 리 를맞 - 으리　우리모두기도합시
정 - 진에정진을　정 진 에정 - 진을　우리모두실천합시

다　다같이기도합시 - 다
다　다같이실천합시 - 다

Fine

출가재일

작사 문재현
작곡 배신영
노래 채언희

염원

작사 문재현
작곡 배신영
노래 채연희

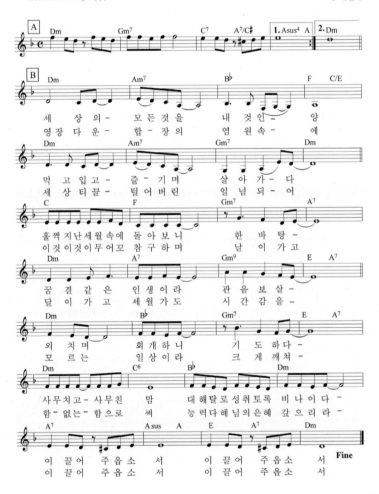

우리네 삶, 고운 수로

작사 문재현
작곡 배신영
노래 채연희

숲속의 마음

작사 문재현
작곡 배신영
노래 채연희

가사:

푸른 숲-속의 　고색질은절 찾아
깊고 그-윽한 　산사찾아온 마음
사람 다-움을 　생각하며걷 는길

라 - 라 - 친구들과 굽이굽이
라 - 라 - 친구들과 사색하는
라 - 라 - 친구들과 주고받는

걷 는 길 가 　계곡물도 반 - 기 는
가 부 좌 에 　관음보살 미 - 소 를
오 늘 의 말 　길가별도 조 - 용 한

소 리좋고도 좋 아 　콧 - 노래 응 -
짓 고좋고도 좋 아 　나 - 는야 응 -
미 소좋고도 좋 아 　맘 - 노래 응 -

새 들 도 합 창 을 하 네
마 음 꽃 활 짝 피 었 네
숲 길 도 어 깨 춤 추 네

Fine

사색

작사 대원 문재현
작곡 배신영

조용 — 히 눈 — 감고 — 서 참 — 나를살펴 — 봐 요
조용 — 한 사 — 색으 — 로 깨 — 달아살펴 — 보 면

갖은생각 모든행이 이로좇아있건만 — 은
온갖지혜 모든덕이 이로좇아있 — 음 — 에

색깔도모양도없어 알 — 고파서 사색일세 모든걸내려놓고 —
그능력베풀고펼처 누 — 리려고 수행일세 모두를다비우고 —

쉬는시간사색으 로 한걸음또한걸음 다가서는노력다해 기어이성취하여
님의자취따름으 로 한걸음또한걸음 극락세계다가서 기어이성취하여

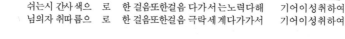

낙원의 — 삶 — 누리려 네
너나없 — 이 — 누려보 세

천부경을 아시나요

작사 대원 문재현
작곡 배신영

우리조상 깊 - 은진리 천부경을아시나 요
바른진리 깨 - 달아서 이세상을바로봐 요

여든 - - - 한 - 자속에 누 리의 - 온이 - 치 - 를
마음 - - - 의 능 - 력으로 펼 처놓은장엄 - 이 - 라

남 김없이 - 담 으셨 - 네 - 필부의사내 - 라 도
화 려하고 - 아 름답 - 네 - 이땅인이대 - 로 가

마 음을 - 갈고닦 - 아 영원 한참 - 나 께 - 처
낙 원의 - 세 계이 - 니 노래 와춤 - 으로 - 써

환 인 - 큰은혜에 보 답 - 해사 - 세
어 깨 - 동무하고 영 원 - 히사 - 세

보살가

작사 대원 문재현
작곡 김동환

너무느리지않게 ♩ = 80

세상사에어 울린 구 제의 길

어려움도웃어넘긴 이 마음을　흰 구름너도알리 라

성불의보리과를 이루기위해　두타의수행으로 써

이 세계 저 세계 서 닦았던 보현행을 영원히 펼치 — 리

도서출판 문젠(Moonzen)의 책들

1~5. 바로보인 전등록 (전30권을 5권으로)

7불과 역대 조사의 말씀이 1,700공안으로 집대성되어 있는 선종 최고의 고전으로, 깨달음의 정수가 살아 숨쉬도록 새롭게 번역되었다.

464, 464, 472, 448, 432쪽.

각권 18,000원

6. 바로보인 무문관

황룡 무문 혜개 선사가 저술한 공안집으로 전등록, 선문염송, 벽암록 등과 함께 손꼽히는 선문의 명저이다.

본칙 48개와 무문 선사의 평창과 송, 여기에 역저자인 대원 문재현 선사의 도움말과 시송으로 생명과 같은 선문의 진수를 맛보여 주고 있다.

272쪽. 12,000원

7. 바로보인 벽암록

설두 선사의 설두송고를 원오 극근 선사가 수행자에게 제창한 것이 벽암록이다.

이 책은 본칙과 설두 선사의 송, 대원 문재현 선사의 도움말과 시송으로 이루어져, 벽암록을 오늘에 맞게 바로 보이고 있다.

456쪽. 15,000원

8. 바로보인 천부경

우리 민족 최고(最古)의 경전 천부경을 깨달음의 책으로 새롭게 바로 보였다. 이 책에는 81권의 화엄경을 81자에 함축한 듯한 천부경과, 교화경, 치화경의 내용이 함께 담겨 있으며, 역저자인 대원 문재현 선사가 도움말, 토끼뿔, 거북털 등으로 손쉽게 닦아 증득하는 문을 열어놓고 있다.

432쪽. 15,000원

9. 바로보인 금강경

대원 문재현 선사의 『바로보인 금강경』은 국내 최초로 독창적인 과목을 내어 부처님과 수보리 존자의 대화 이면의 숨은 뜻을 드러내고, 자문과 시송으로 본문의 핵심을 꿰뚫어 밝혀, 금강경 전체를 손바닥 안의 겨자씨를 보듯 설파하고 있다.

488쪽. 15,000원

10. 세월을 북채로 세상을 북삼아

대원 문재현 선사의 선시가 담긴 선시화집 『세월을 북채로 세상을 북삼아』는 선과 시와 그림이 정상에서 만나 어우러진 한바탕이다. 선의 세계를 누리는 불가사의한 일상의 노래, 법열의 환희로 취한 어깨춤과 같은 선시가 생생하고 눈부시게 내면의 소리로 흐른다.

180쪽. 15,000원

11. 영원한현실

애매모호한 구석이 없이 밝고 명쾌하여, 너무도 분명함에 오히려 그 깊이를 헤아리기 어려운, 대원 문재현 선사의 주옥같은 법문을 모아 놓은 법문집이다.

400쪽. 15,000원

12. 바로보인 신심명

신심명은 양끝을 들어 양끝을 쓸어버리는, 40대치법으로 이루어진, 3조 승찬 대사의 게송이다. 이를 대원 문재현 선사가 바로 번역하는 것은 물론, 주해, 게송, 법문을 더해 통쾌하게 회통하고 자유자재 농한 것이 이『바로보인 신심명』이다.

296쪽. 10,000원

13~17. 바로보인 환단고기 (전5권)

『바로보인 환단고기』 1권은 민족정신의 정수인 환단고기의 진리를 총정리하여 출간하였다. 2권에는 역사총론과 태초에서 배달국까지 역사가 실려 있으며, 3권은 단군조선, 4권은 북부여에서부터 고려까지의 역사가 실려 있다. 5권에는 역사를 증명하는 부록과 함께 환단고기 원문을 실었다.

344·368·264·352·344쪽. 각권 12,000원

18~47. 바로보인 선문염송 (전30권)

선문염송은 세계최대의 공안집이다. 전 공안을 망라하다시피 했기에 불조의 법 쓰는 바를 손바닥 들여다보듯 하지 않고 는 제대로 번역할 수 없다. 대원 문재현 선사는 전 공안을 바로 참구할 수 있게끔 번역하고 각 칙마다 일러보였다.

352 368 344 352 360 360 400 440 376 392
384 428 410 380 368 434 400 404 406 440
424 460 472 456 504 528 488 488 480 512쪽
각권 15,000원

48. 앞뜰에 국화꽃 곱고 북산에 첫눈 희다

대원 문재현 선사의 선문답집으로 전강·경 봉·숭산·묵산 선사와의 명쾌한 문답을 실 었으며, 중앙일보의 <한국불교의 큰스님 선문 답> 열 분의 기사와 기자의 질문에 대한 대 원 문재현 선사의 별답을 함께 실었다.

200쪽. 5,000원

49. 바로보인 증도가

선종사에 사라지지 않을 발자취로 남은 영가 선사의 증도가를 대원 문재현 선사가 번역하 고 법문과 송을 더하였다.

자비의 방편인 증도가의 말씀을 하나하나 쳐 가는 선사의 일갈이야말로 영가 선사의 본 의중과 일치하여 부합하는 것이라 아니할 수 없다.

376쪽. 10,000원

50. 바로보인 반야심경

이 시대의 야부(冶父)선사, 대원 문재현 선사가 최초로 반야심경에 과목을 붙여 반야심경 내면에 흐르는 뜻을 밀밀하게 밝혀놓고 거침없는 송으로 들어보였다.

264쪽. 10,000원

51~52. 선(禪)을 묻는 그대에게 (전10권 중 2권)

대원 문재현 선사의 선수행에 대한 문답집. 깨달아 사무친 경지에 대한 밀밀한 점검과, 오후보림에 대한 구체적인 수행법 제시와, 최초의 무명과 우주생성의 원리까지 낱낱이 설한 법문이 담겨 있다.

280쪽, 272쪽. 각권 15,000원

53. 바로보인 선가귀감

선가귀감은 깨닫고 닦아가는 비법이 고스란히 전수되어 있는 선가의 거울이라 할 만하다. 더욱이 바로보인 선가귀감은 매 소절마다 대원 문재현 선사의 시송이 화살을 과녁에 적중시키듯 역대 조사와 서산대사의 의중을 꿰뚫어 보석처럼 빛나고 있다.

352쪽. 15,000원

54. 바로보인 법융선사 심명

심명 99절의 한 소절, 한 소절이 이름 그대로 마음에 새겨두어야 할 자비광명들이다. 이 심명은 언어와 문자이면서 언어와 문자를 초월한 일상을 영위하게 하는 주옥같은 법문이다.

278쪽. 12,000원

55. 주머니 속의 심경

반야심경은 부처님이 설하신 경 중에서도 절제된 경으로 으뜸가는 경이다. 대원 문재현 선사의 선송(禪頌)도 그 뜻을 따라 간략하나 선의 풍미를 한껏 담고 있다. 하루에 한 소절씩을 읽고 참구한다면 선 수행의 지름길이 될 것이다.

84쪽. 5,000원

56. 바로보인 법성게

법성게는 한마디로 화엄경의 핵심부를 온통 훤출히 드러내놓은 게송이다. 짧은 글 속에 일체의 법을 이렇게 통렬하게 담아놓은 법문도 드물 것이다.
이렇게 함축된 법성게 법문을 대원 문재현 선사가 속속들이 밀밀하게 설해놓았다.

176쪽. 10,000원

57. 달다 - 전강 대선사 법어집

이제는 전설이 된 한국 근대선의 거목인 전강 선사님의 최상승법과 예리한 지혜, 선기로 넘쳤던 삶이 생생하게 담겨 있는 전강 대선사 법어집 < 달다 > !

전강 대선사님의 인가 제자인 대원 문재현 선사가 전강 대선사님의 법거량과 법문, 일화를 재조명하여 보였다.

368쪽. 15,000원

58. 기우목동가

그 뜻이 심오하여 번역하기 어려웠던 말계지은 선사의 기우목동가!

대원 문재현 선사가 바른 뜻이 드러나도록 번역하고, 간결한 결문과 주옥같은 선송으로 다시 보였다.

146쪽. 10,000원

59. 초발심자경문

이 초발심자경문은 한문을 새기는 힘인 문리를 터득하게 하기 위하여 일부러 의역하지 않고 직역하였다.

대원 문재현 선사의 살아있는 수행지침도 실려 있다.

266쪽. 10,000원

60. 방거사어록

방거사어록은 선의 일상, 선의 누림을 보여주는 대표적인 선문이다. 역저자인 대원 문재현 선사는 방거사어록의 문답을 '본연의 바탕에서 꽃피우는 일상의 함'이라 말하고 있다. 법의 흔적마저 없는 문답의 경지를 온전하게 드러내 놓은 번역과, 방거사와 호흡을 함께 하는 듯한 '토끼뿔'이 실려 있다.

306쪽. 15,000원

61. 실증설

이 책의 모태는 대원 문재현 선사가 2010년 2월 14일 구정을 맞이하여 불자들에게 불법의 참뜻을 보이기 위해 홀연히 펜을 들어 일시에 써내려간 이 책의 3부이다. 실증한 이가 아니고는 설파할 수 없는 일구 도리로 보인 이 3부와 태초로부터 영겁에 이르는 성품의 이치를 문답과 인터뷰 법문으로 낱낱이 설한 1, 2를 보아 실증하기를…

224쪽. 10,000원

62. 하택신회대사 현종기

육조대사의 법이 중국천하에 우뚝하도록 한 장본인, 하택신회대사의 현종기. 세간에 지해종도로 알려져 있는 편견을 불식시키는 뛰어난 깨달음의 경지가 여기에 담겨있다. 대원 문재현 선사가 하택신회대사의 실경지를 드러내고 바로보임으로써 빛냈다.

232쪽. 10,000원

63. 불조정맥 - 韓·英·中 3개국어판

석가모니불로부터 현 78대에 이르기까지 불조정맥진영(佛祖正脈眞影)과 정맥전법게(正脈傳法偈)를 온전하게 갖춘 최초의 불조정맥서. 대원 문재현 선사가 다년간 수집, 정리하여 기도와 관조 끝에 완성한 『불조정맥』을 3개국어로 완역하였다.

216쪽. 20,000원

64. 바른 불자가 됩시다

참된 발심을 하여 바른 신앙, 바른 수행을 하고자 해도, 그 기준을 알지 못해 방황하는 불자님들을 위해 불법의 바른 길잡이 역할을 하도록 대원 문재현 선사가 집필하여 출간하였다.

162쪽. 10,000원

65. 누구나 궁금한 33가지

21세기의 인류를 위해 모든 이들이 가장 어렵고 궁금해 하는 문제, 삶과 죽음, 종교와 진리에 대한 바른 지표를 제시하고자 대원 문재현 선사가 집필하여 출간하였다.

180쪽. 10,000원

66. 108진참회문 - 韓·英·中 3개국어판

전생의 모든 악연들이 사라져 장애가 없어지고, 소망하는 삶을 살게 하기 위해 대원 문재현 선사가 10계를 위주로 구성한 108 항목의 참회문이다. 한 대목마다 1배를 하여 108배를 실천할 것을 권한다.

170쪽. 15,000원

67. 달마의 일할도 허락지 않는다

대원 문재현 선사의 짧고 명쾌한 법문집. 책을 잡는 순간 달마의 일할도 허락지 않는 선기와 맞닥뜨리게 될 것이다. 때로는 하늘을 찌를 듯한 기세와, 때로는 흔적 없는 공기와도 같은 향기를 일별하기를…

190쪽. 10,000원

68. 마음대로 앉아 죽고 서서 죽고

생사를 자재한 분들의 앉아서 열반하고 서서 열반한 내력은 물론 그분들의 생애와 법까지 일목요연하게 수록해놓았다.

446쪽. 15,000원

69. 화두 - 韓 · 英 · 中 3개국어판

『화두』는 대원 문재현 선사의 평생 선문답의 결정판이다. 생생하게 살아있는 선(禪)을 한·영·중 3개국어로 만날 수 있다. 특히 대원 문재현 선사의 짧은 일대기가 실려 있어 그 선풍을 음미하는 데에 큰 도움을 주고 있다.

440쪽. 15,000원

70. 바로보인 간당론

법문하는 이가 법리를 모르고 주장자를 치는 것을 눈먼 주장자라 한다. 법좌에 올라 주장자 쓰는 이들을 위해서 대원 문재현 선사가 간당론에서 선리(禪理)만을 취하여 『바로보인 간당론』을 출간하였다.

218쪽. 20,000원

71. 완전한 우리말 불공예식법

부처님께 공양을 올리고 불보살님의 가피를 구하는 예법 등을 총칭하여 불공예식법이라 한다. 대원 문재현 선사가 이러한 불공예식의 본뜻을 살려서 완전한 우리말본 불공예식법을 출간하였다.

456쪽. 38,000원

72. 바로보인 유마경

유마경은 가히 불법의 최정점을 찍는 경전이라 할 것이니, 불보살님이 교화하는 경지에서의 깨달음의 실경과 신통자재한 방편행을 보여주는 최상승 경전이다. 대원 문재현 선사가 < 대원선사 토끼뿔 >로 이 유마경에 걸맞는 최상승법을 이 시대에 다시금 드날렸다.

568쪽. 20,000원

73. 실증설 5개국어판 - 韓·英·佛·西·中

대원 문재현 선사가 불법의 참뜻을 보이기 위해 홀연히 펜을 들어 일시에 써내려간 실증설! 실증한 이가 아니고는 설파할 수 없는 도리로 가득한 이 책이 드디어 영어, 불어, 스페인어, 중국어를 더하여 5개국어로 편찬되었다.

860쪽. 25,000원

74. 누구나 궁금한 33가지 3개국어판 - 韓·英·中

누구라도 풀어야 할 숙제인 33가지의 의문에 대한 답을 21세기의 현대인에게 맞는 비유와 언어로 되살린 『누구나 궁금한 33가지』가 한글, 영어, 중국어 3개국어로 출간되었다.

408쪽. 15,000원

75. 달마의 일할도 허락지 않는다 3개국어판 - 韓·英·中

대원 문재현 선사의 짧고 명쾌한 법문집인 『달마의 일할도 허락지 않는다』가 한글, 영어, 중국어 3개국어로 출간되었다. 전세계에서 유일하게 활선의 가풍이 이어지고 있는 한국, 그 가운데에서도 불조의 정맥을 이은 대원 문재현 선사가 살활자재한 법문을 세계로 전하고 있는 책이다.

308쪽. 15,000원

76~99. 화엄경 (전81권 중 27권)

대원 문재현 선사는 선문염송 30권, 전등록 30권을 모두 역해하여 세계 최초로 1,463칙 전 공안에 착어하였다. 이러한 안목으로 대천세계를 손바닥의 겨자씨 들여다보듯 하신 불보살님들의 지혜와 신통으로 누리는 불가사의한 화엄세계를 열어 보였다.

206, 256, 264, 278, 240, 288, 276, 224, 220, 236, 200, 208, 252, 224, 258, 302, 270, 249, 288, 244, 234, 228, 282, 240, 225, 220, 240쪽. 각권 15,000원

100. 법성게 3개국어판 - 韓·英·中

법성게는 한마디로 화엄경의 핵심부를 훤출히 드러내놓은 게송으로 짧은 글 속에 일체법을 고스란히 담아 놓았다. 대원 문재현 선사의 통쾌한 법성게 법문이 한영중 3개국어로 출간되었다.

376쪽. 15,000원

101. 정법의 원류

『정법의 원류』는 불조정맥을 이은 정맥선원의 소개서이다. 정맥선원은 불조정맥 제77조 조계종 전강 대선사의 인가 제자인 대원 문재현 전법선사가 주재하는 도량이다. 『정법의 원류』를 통해 정맥선원 대원 문재현 선사의 정맥을 이은 법과 지도방편을 만날 수 있다.

444쪽. 20,000원

102. 바로보인 도가귀감

도가귀감은, 온통인 마음〔一物〕을 밝혀 회복함으로써, 생사를 비롯한 모든 아픔과 고를 여의어, 뜻과 같이 누려서 살게 하고자 한 도교의 뜻을, 서산대사가 밝혀놓은 책이다. 대원 문재현 선사가 부록으로 도덕경의 중대한 대목을 더하고, 그 대목대목마다 결문(決文)하였다.

218쪽. 12,000원

103. 바로보인 유가귀감

유가귀감은 서산대사가 간추려놓은 구절로서, 간결하지만 심오하기 그지없으니, 간략한 구절 속에서 유교 사상을 미루어볼 수 있게 하였다. 대원 문재현 선사가 그 뜻이 잘 드러나게 번역하고 그 대목대목마다 결문(決文)하였다.

236쪽. 15,000원

출간도서

바로보인 전등록 전 5권
바로보인 무문관
바로보인 벽암록
바로보인 천부경·교화경·치화경
바로보인 금강경
세월을 북채로 세상을 북삼아
영원한 현실
바로보인 신심명
바로보인 환단고기 전 5권
바로보인 선문염송 전 30권
앞뜰에 국화꽃 곱고 북산에 첫눈 희다
바로보인 증도가
바로보인 반야심경
선을 묻는 그대에게 1·2
바로보인 선가귀감
바로보인 법융선사 심명
주머니 속의 심경
바로보인 법성게
달다 -전강 대선사 법어집
기우목동가
초발심자경문
방거사어록

실증설
하택신회대사 현종기
불조정맥 - 한·영·중 3개국어판
바른 불자가 됩시다
누구나 궁금한 33가지
108진참회문 - 한·영·중 3개국어판
달마의 일할도 허락지 않는다
마음대로 앉아 죽고 서서 죽고
화두 - 한·영·중 3개국어판
바로보인 간당론
완전한 우리말 불공예식법
바로보인 유마경
실증설 5개국어판 - 한·영·불·서·중
누구나 궁금한 33가지 3개국어판
- 한·영·중
달마의 일할도 허락지 않는다
3개국어판 - 한·영·중
화엄경 전 81권 중 27권
법성게 3개국어판 - 한·영·중
정법의 원류
바로보인 도가귀감
바로보인 유가귀감

출간예정 도서

화엄경 29권 ~ 81권
바로보인 능엄경 제6권
바로보인 원각경
바로보인 육조단경
바로보인 대전화상주 심경
바로보인 전등록 전 30권
바로보인 위앙록
해동전등록
말 밖의 말
언어의 향기

대원 문재현 선송집
진리와 과학의 만남
바로보인 5대 종교
금강경 야부송과 대원선사 토끼뿔
선재동자 참알 오십삼선지식
경봉선사 혜암선사 법을 들어 설하다
십현담 주해
불교대전
태고보우선사어록

법문 MP3를 주문판매합니다

부처님의 78대손이신 대원(大圓) 문재현(文載賢) 전법선사님의 법문 MP3가 나왔습니다. 책으로만 보아서는 고준하여 알기 어려웠던 선문(禪文)의 이치들이 자세히 설하여져 있어서, 모든 궁금증을 시원하게 풀어줄 것입니다.

- 천부경 : 15,000원
- 신심명 : 30,000원
- 현종기 : 65,000원
- 기우목동가 : 75,000원
- 반야심경 : 1회당 5,000원 (총 32회)
- 선가귀감 : 1회당 5,000원 (총 80회)

- 금강경 : 40,000원
- 법성게 : 10,000원
- 법융선사 심명 : 100,000원

대원 선사님 작사 노래 CD 주문판매합니다

• 가격 : 2만원

• 가격 : 1만5천원

문의 전화 ☎ 031-534-3373

유튜브에서 채널 구독하시고
무료로 찬불가 앨범을 감상하세요

유튜브에서 MOONZEN을 검색하시거나
아래의 주소로 접속해주세요

http://www.youtube.com/user/officialMOONZEN

화엄경 28권은 육조사 청도정맥선원
묘춘 정장춘, 묘연 이숙이, 정현미,
정웅일 본연님의 보시에 의해 출간
되었습니다. 이 무량공덕으로 구경
성불하시기를 기원합니다.